引爆元宇宙

陈九·著

制定精细化落地方案 ◆ 找到属于自己的元宇宙
前沿技术结合真实案例 ◆ 专家压箱底的实战干货
大众群体量身定做的元宇宙宝典

电子工业出版社
Publishing House of Electronics Industry
北京·BEIJING

内 容 简 介

本书以元宇宙为主题，全面讲述了元宇宙在当下和未来的发展。首先，讲解了元宇宙的概念、技术、产业链及对互联网行业的重要意义，以便读者了解元宇宙的整体框架。其次，介绍了元宇宙在游戏、社交、办公、教育、虚拟数字人等方面的应用，展示了元宇宙的巨大潜力。最后，分析了数字经济变革、元宇宙投资方向，并且对未来进行了展望，介绍了元宇宙的商业潜能。

本书在讲述概念的同时，对元宇宙的应用场景、未来趋势、投资赛道等做了分析。此外，融入诸多案例，对元宇宙的入局者具有很强的指导意义。

未经许可，不得以任何方式复制或抄袭本书之部分或全部内容。

版权所有，侵权必究。

图书在版编目（CIP）数据

引爆元宇宙 / 陈九著. —北京：电子工业出版社，2022.4

ISBN 978-7-121-43267-5

Ⅰ.①引… Ⅱ.①陈… Ⅲ.①信息经济 Ⅳ.①F49

中国版本图书馆 CIP 数据核字（2022）第 059056 号

责任编辑：刘志红（lzhmails@phei.com.cn）
印　　刷：三河市鑫金马印装有限公司
装　　订：三河市鑫金马印装有限公司
出版发行：电子工业出版社
　　　　　北京市海淀区万寿路 173 信箱　邮编　100036
开　　本：720×1 000　1/16　印张：11.5　字数：202.4 千字
版　　次：2022 年 4 月第 1 版
印　　次：2022 年 4 月第 1 次印刷
定　　价：89.00 元

凡所购买电子工业出版社图书有缺损问题，请向购买书店调换。若书店售缺，请与本社发行部联系，联系及邮购电话：（010）88254888，88258888。

质量投诉请发邮件至 zlts@phei.com.cn，盗版侵权举报请发邮件至 dbqq@phei.com.cn。

本书咨询联系方式：（010）88254479，lzhmails@phei.com.cn。

前言
INTRODUCTION

2021年12月,百度上线了一款名为"希壤"的社交App。在这款App中,用户可以创建虚拟身份,在虚拟世界与客户、朋友进行互动交流。许多人评价,他们从"希壤"中看到了元宇宙最初的模样。实际上,不仅是百度,腾讯、字节跳动、微软、Facebook等著名科技企业也纷纷宣布要发展元宇宙。那么,元宇宙究竟是什么呢?

"元宇宙"的英文名称是Metaverse,是由Meta(超越)和Universe(宇宙)合成而来,字面含义是"超越现实宇宙的另一个宇宙"。很多科幻作品中都有类似元宇宙的描述,例如电影《头号玩家》中构建的虚拟世界"绿洲",玩家戴上耳机和目镜,就能以虚拟分身进入虚拟世界,并通过控制分身来实现意志。

不知从什么时候开始,铺天盖地的新闻、自媒体、图书都在讨论元宇宙,元宇宙一跃成为炙手可热的新星。这是因为,一方面,虚拟现实、人工智能、区块链、5G、可穿戴设备等构建元宇宙的底层技术日渐成熟;另一方面,突然爆发的新冠肺炎疫情让线上办公、线上教育快速普及,人们在虚拟世界停留时间不断变长。这些改变强化了人们对技术发展的信心,以及对美好生活的期待,同时也使元宇宙受到了广泛关注。

2021年3月,元宇宙第一股Roblox以300多亿美元的市值上市,当日股价上涨54%;8月,字节跳动以90亿元收购VR创业公司Pico;10月,

Facebook更名为"Meta",将战略重心转向"元宇宙";11月,微软表示下一步要打造企业元宇宙。

虽然元宇宙还处于萌芽阶段,但元宇宙赛道的争夺战已经打响。各大科技企业的大手笔投入,揭示出了科技界发展的下一个风口。这是一个时代机遇,也是一个挑战。元宇宙想要达到理想状态,各产业还有很长一段路要走。这证明元宇宙市场空间广阔,广大企业和创业者有很多机会。但另一方面,市场信息真假混杂,许多项目有跟风炒作的嫌疑,广大企业和创业者还须擦亮双眼,找到真正值得发展的好项目。

本书不仅对元宇宙的概念、技术、产业链进行解析,还分析了元宇宙落地的多个应用场景及投资方向,对想要入局元宇宙的读者有很大的启发性和借鉴性。无论读者想要以落地应用入局,还是以投资入局,都能够从本书找到合适的方法。

目录 CONTENTS

第1章 元宇宙：现实与虚拟世界的交织 ·········001
- 1.1 新概念引爆新市场 ·········001
  - 1.1.1 Roblox上市，元宇宙走进资本圈 ·········001
  - 1.1.2 4个层次解析元宇宙架构 ·········003
- 1.2 元宇宙的五大特质 ·········005
  - 1.2.1 特质1：提供虚拟身份和多角色扮演体验 ·········005
  - 1.2.2 特质2：提供高自由度的沉浸式体验 ·········006
  - 1.2.3 特质3：形成用户共创内容模式 ·········006
  - 1.2.4 特质4：存在自有经济系统 ·········007
  - 1.2.5 特质5：虚实联动，虚拟与现实相互交融 ·········008
- 1.3 剑指数字文明，元宇宙潜力无限 ·········008
  - 1.3.1 多行业数字化发展，为元宇宙奠基 ·········009
  - 1.3.2 催化数字时代发展，催生新的数字文明 ·········010

第2章 技术融合助推元宇宙发展 ·········013
- 2.1 XR：元宇宙虚实的交汇点 ·········013
  - 2.1.1 AR+VR+MR，XR创造一个虚实交融的世界 ·········014
  - 2.1.2 技术发展+资本狂热，XR迎来新发展 ·········015
  - 2.1.3 XR应用场景日渐丰富，产业生态日渐丰满 ·········016

2.2　5G/6G：元宇宙的通信基础 ·· 018
　　2.2.1　5G+AI，结合提升体验 ····································· 018
　　2.2.2　5G+XR，推动XR设备和体验升级 ······················· 019
　　2.2.3　5G+云计算，打造元宇宙算力基础 ······················· 020
　　2.2.4　6G发展，打造万物互联新时代 ···························· 022
2.3　AI：助力元宇宙生成 ··· 022
　　2.3.1　AIGC智能生成内容，助力元宇宙自发生长 ············ 023
　　2.3.2　AI驱动的虚拟数字人呈现海量元宇宙内容 ············· 025
　　2.3.3　AI助力海量内容智能审查，确保内容合规 ············· 026
2.4　区块链：元宇宙的经济支撑 ·· 027
　　2.4.1　区块链实现去中心化的支付和清算系统 ················ 027
　　2.4.2　实现公平、公正的治理模式，助力元宇宙长远发展 ···· 029
　　2.4.3　NFT是连接数字资产和现实资产的桥梁 ················ 031
　　2.4.4　元宇宙游戏公会：开放共享式元宇宙平台 ············· 032
2.5　数字孪生：实现现实世界的完美复刻 ···························· 034
　　2.5.1　数字孪生不只是仿真 ·· 034
　　2.5.2　推动现实世界向虚拟世界迁移 ···························· 036
　　2.5.3　英伟达聚焦数字孪生技术，布局元宇宙 ················ 038
2.6　虚拟数字人：元宇宙中的原住民 ·································· 039
　　2.6.1　从虚拟偶像到超写实虚拟数字人 ·························· 040
　　2.6.2　赋予元宇宙用户更自由的虚拟化身 ······················· 041

第3章　元宇宙产业链及发展路径分析 ································ 043
3.1　产业上、中、下游不断发展 ·· 043
　　3.1.1　上游：底层技术堆积，涉及诸多领域 ···················· 044
　　3.1.2　中游：游戏和社交平台为主 ································ 045

3.1.3　下游：应用领域逐渐铺开 ···046
3.2　众企业布局，备战新战场 ···048
　　3.2.1　以投资收购提升实力，搭建发展新生态 ···048
　　3.2.2　以内外布局为依托，瞄准战略高地 ···049
　　3.2.3　以核心能力为武器，征战细分领域 ···050
　　3.2.4　元友荟：服务元宇宙全行业生态发展 ···051
3.3　走向元宇宙：路径不同但殊途同归 ···054
　　3.3.1　沉浸式路径：将用户带入虚拟世界 ···054
　　3.3.2　叠加式路径：在现实世界叠加虚拟场景 ···055
　　3.3.3　渐进式路径：以传统产品为依托，融入元宇宙元素 ···055
　　3.3.4　激进式路径：直接打造由用户创造的去中心化世界 ···056
3.4　发展难点：从现实迁移到元宇宙还有多远 ···057
　　3.4.1　价格高昂，小企业难以入局 ···057
　　3.4.2　技术仍存在诸多难点 ···058

第4章　元宇宙开启互联网新的红利时代 ···059

4.1　移动互联网发展面临诸多瓶颈 ···059
　　4.1.1　市场空间：流量红利消退，增长空间减小 ···060
　　4.1.2　内容：内容呈现单一，物理距离无法突破 ···061
　　4.1.3　政策：反垄断浪潮渐起，监管力度提升 ···061
4.2　元宇宙为移动互联网发展指明方向 ···063
　　4.2.1　元宇宙市场规模大，打开新的发展空间 ···063
　　4.2.2　智能化趋势下，创造更多就业机会 ···064
4.3　热潮之下，互联网巨头闻风而动 ···066
　　4.3.1　头部VC入场，高瓴、红杉均已进入元宇宙赛道 ···066
　　4.3.2　字节跳动斥90亿元巨资入局，争夺入场券 ···067

第 5 章　元宇宙游戏：巨头抢先布局的核心赛道 ································· 068
5.1　游戏有望成为元宇宙最先落地的场景 ································· 069
5.1.1　游戏为元宇宙提供引擎和虚拟场景 ························· 069
5.1.2　以游戏的虚拟世界搭建元宇宙有迹可循 ····················· 070
5.1.3　《动物森友会》将会议搬进虚拟世界 ························ 071
5.2　元宇宙游戏成为企业发展"加速器" ································· 073
5.2.1　中青宝借《酿酒大师》抢滩元宇宙 ························· 073
5.2.2　世纪华通以 LiveTopia 占领新赛道 ·························· 074
5.2.3　中手游依托 IP 打造国风文化元宇宙 ························· 075
5.2.4　微软收购动视暴雪，布局元宇宙游戏 ······················· 077
5.3　未来趋势：多种游戏形态向元宇宙游戏迈进 ··························· 078
5.3.1　沙盒游戏不断向元宇宙游戏发展 ····························· 078
5.3.2　算力迁跃，云游戏走向元宇宙 ······························· 081

第 6 章　元宇宙社交：开启社交新时代 ··· 083
6.1　虚拟社交提供沉浸式新玩法 ··· 083
6.1.1　"人设"文化是虚拟社交的核心 ····························· 084
6.1.2　打破时间和空间限制，更加自由 ····························· 085
6.2　元宇宙成为社交产品发展新方向 ······································· 086
6.2.1　VR Chat 以沉浸式社交收获海量用户 ························ 086
6.2.2　Horizon Worlds：Meta 发力 VR 社交的核心应用 ············· 087
6.2.3　虹宇宙：重新定义红人的社交资产 ························· 089
6.3　未来趋势：沉浸式社交场景不断丰富 ··································· 091
6.3.1　社交+游戏：如何构建游戏社交场景 ························ 091
6.3.2　社交+购物：元宇宙社交实现购物场景化 ··················· 093
6.3.3　社交+展会：沉浸式展会拉近人与艺术的距离 ··············· 094

第7章 元宇宙办公：开启职场新世界 ·················· 095

7.1 办公新模式：虚拟会议+虚拟办公场地 ·················· 095
7.1.1 "虚拟化"成为未来办公的新趋势 ·················· 096
7.1.2 活动虚拟化，将企业活动复刻到虚拟世界 ·················· 098
7.1.3 打破空间次元壁，多种办公场景实现复刻 ·················· 100

7.2 多样产品描绘办公新形态 ·················· 102
7.2.1 VIVE Events：HTC 面向企业推出虚拟会议服务 ·················· 102
7.2.2 Horizon Workrooms：新的元宇宙办公场所 ·················· 103
7.2.3 微软聚焦"Mesh+Teams"元宇宙混合办公产品 ·················· 104

7.3 未来趋势：元宇宙办公应用爆发 ·················· 106
7.3.1 TO B 端：企业级办公服务实现灵活定制 ·················· 106
7.3.2 TO C 端：消费级虚拟办公服务覆盖更多用户 ·················· 107

第8章 元宇宙教育：打造智能教育新方案 ·················· 109

8.1 "虚拟老师+虚拟教学场景"创造教学新模式 ·················· 109
8.1.1 虚拟老师助力实现个性化教学 ·················· 109
8.1.2 虚拟教学场景让教学内容更直观 ·················· 111

8.2 "AI+VR"展现元宇宙教育雏形 ·················· 113
8.2.1 联想：HoloBoard 敲开元宇宙教育大门 ·················· 113
8.2.2 MageVR：将英语学习带入虚拟世界 ·················· 114

8.3 未来趋势：教学体验实现飞跃 ·················· 116
8.3.1 虚拟形象+沉浸式场景，学习体验更真实 ·················· 116
8.3.2 融入游戏化元素，教学活动更有趣 ·················· 117

第9章 虚拟数字人：虚拟步入现实 ·················· 119

9.1 虚拟数字人全景扫描，多场景集中爆发 ·················· 119
9.1.1 传媒机构的虚拟主持人，新闻播报降本增效 ·················· 119

- 9.1.2 虚拟主播入驻直播间，开启直播带货新模式 ………………… 121
- 9.1.3 虚拟偶像成娱乐行业新宠，展现超强吸金力 ………………… 122
- 9.1.4 数字替身实现跨越时间的影视制作 …………………………… 124

9.2 瞄准技术与内容，打造不同的商业模式 …………………………… 126
- 9.2.1 技术层面：企业级解决方案+技术开放平台 ………………… 126
- 9.2.2 内容层面：聚焦虚拟 IP 打造和运营 ………………………… 128

9.3 虚拟数字人+元宇宙，虚拟应用前景广阔 ………………………… 130
- 9.3.1 虚拟市场爆发，服务型虚拟数字人应用扩展 ………………… 130
- 9.3.2 用户虚拟形象普及，身份型虚拟数字人爆发 ………………… 132

第 10 章 数字经济：元宇宙打开广阔商业潜能 …………………………… 134

10.1 元宇宙中的新经济 ……………………………………………………… 134
- 10.1.1 元宇宙的经济逻辑 ……………………………………………… 134
- 10.1.2 NFT 是元宇宙基建的最优选择 ……………………………… 136

10.2 NFT 交易频发，市场火热 …………………………………………… 137
- 10.2.1 NFT 交易平台崛起，头部平台 OpenSea 大获发展 ………… 138
- 10.2.2 Axie Infinity 交易额暴涨，NFT 游戏广受关注 …………… 139
- 10.2.3 虚拟土地火爆，市场前景广阔 ………………………………… 141

10.3 NFT 发展中的商业机会 ……………………………………………… 143
- 10.3.1 推出具有影响力的 NFT 作品 ………………………………… 143
- 10.3.2 互联网大厂入局 NFT 赛道，打造交易平台 ………………… 144

第 11 章 投资方向：硬件先行，应用和交易紧随其后 …………………… 146

11.1 卡位元宇宙入口，XR 产业有望迎来拐点 ………………………… 146
- 11.1.1 XR 设备有望取代手机，成为规模化使用的新硬件 ………… 147
- 11.1.2 XR 硬件升级，硬件厂商获得关注 …………………………… 148

11.2 瞄准元宇宙应用，多家企业值得期待 ……………………………… 149

11.2.1 游戏领域：UGC 游戏平台+NFT 游戏 ……………………149
11.2.2 社交领域：头部元宇宙社交平台潜力巨大 ……………150

11.3 聚焦 NFT 领域，提升数字资产价值 ………………………………151
11.3.1 关注国内外 NFT 交易平台 ……………………………151
11.3.2 关注亮眼的 NFT 项目 …………………………………153
11.3.3 元宇宙投资机构 …………………………………………156

第 12 章 未来展望：元宇宙发展前景 …………………………………158

12.1 元宇宙发展三大趋势 …………………………………………………158
12.1.1 趋势一：从游戏、社交场景逐渐向其他领域铺开 ……159
12.1.2 趋势二：平台开放性提升，逐渐走向统一 ……………160
12.1.3 趋势三：虚拟与现实不断相融，相互影响 ……………161

12.2 终极元宇宙：人类的数字化生存 ……………………………………162
12.2.1 人与世界关系走向数字化 ………………………………162
12.2.2 科幻作品中的数字化生存场景或将实现 ………………163

12.3 投资前景：数字场景激发更大投资价值 ……………………………165
12.3.1 短期：概念型公司爆发 …………………………………165
12.3.2 长期：新数字化商业模式蕴含新投资机会 ……………167
12.3.3 企业与个人都将成为元宇宙经济的重要参与者 ………168

第 1 章

元宇宙：现实与虚拟世界的交织

> 元宇宙是一个新兴的互联网概念，英文名称为 Metaverse，由 Meta（超越）和 Universe（宇宙）两个单词组成。元宇宙是一个生于现实世界，与现实世界平行、相互影响的虚拟世界，是互联网的下一个发展趋势。

1.1 新概念引爆新市场

自 2021 年 3 月 Roblox 上市后，元宇宙的热度得到了极大提升，许多头部科技企业都开始向其倾斜资源。例如，英伟达推出了 Omniverse 平台，Facebook 改名为 Meta，微软发布 Microsoft Mesh 等，元宇宙概念成为互联网市场被广泛认可的下一代发展方向。

1.1.1 Roblox 上市，元宇宙走进资本圈

2021 年 3 月，游戏公司 Roblox 把元宇宙概念写进了招股说明书，并成功

引爆元宇宙

以约 300 亿美元的市值上市，这让元宇宙成为互联网行业和投资圈火热的"新"概念。腾讯投资 Roblox 并独家代理 Roblox 中国区产品；字节跳动以 1 亿元投资代码乾坤；游戏开发商 Epic 获得 10 亿美元融资；天美计划开发对标《头号玩家》的游戏。媒体传播和资本入场，一时之间，元宇宙概念的关注度就像坐上火箭，空前高涨。

元宇宙是一个诞生于 29 年前的概念。科幻小说家尼奥·斯蒂文森曾在自己的作品中描绘了一个平行于现实世界的虚拟世界。在这个虚拟世界中，所有现实世界中的人都有一个虚拟分身，可以在虚拟空间中生活。29 年后的今天，Roblox 将元宇宙写进招股说明书。其中描述道："随着更强大的计算设备、云计算和高带宽互联网的出现，Metaverse 的概念正在成为现实。"

Roblox 是一款自建内容的沙盒类游戏，在商业模式上并不像传统游戏一样依赖专业的团队进行内容生产，而是用户使用 Roblox Studio 创作内容，公司负责平台的维护。通过培养优秀开发者，产出大量优质内容，以吸引用户付费和更多开发者加入，从而形成良性循环。

到底是谁把 Roblox 和元宇宙联系在一起的，已经无从查证。但在 Roblox 成为"元宇宙第一股"后，市值就不断飞升，仅 3 个月就从 300 亿美元涨至 500 亿美元。

除了游戏领域，虚拟社交、虚拟偶像、AI 视觉技术等领域，也先后拿到了巨额融资。例如，虚拟办公平台 Gather 拿到红杉资本百万美元投资；社交软件 Soul 的招股说明书中为自己打上"社交元宇宙"的标签；虚拟偶像公司万像文化完成百万美元的 A 轮融资。

除此之外，硬件、AR/VR、游戏引擎等领域也被众人关注。爱奇艺 VR 融资数亿元人民币；NOLO VR 获 2 000 万美元投资；玩美移动获 5 000 万美元投资。还有一些非纯粹"元宇宙"公司也获得了红利。例如，语音社交平台荔枝在 Roblox 上市当天，股价逆势上涨 15.5%，此后几天，荔枝的股价一直保持上涨。这是因为荔枝旗下的音频社交软件 Tiya 与 Roblox 用户高度重合，而且还是 Roblox 许多场景中使用的社交工具。

可见，Roblox 的上市，将元宇宙的概念带进了大众视野，同时也引发了一场资本圈的狂欢。

1.1.2 4 个层次解析元宇宙架构

当下火热的元宇宙，它的具体内容究竟是什么？下面就从 4 个层次解析元宇宙的架构，如图 1-1 所示。

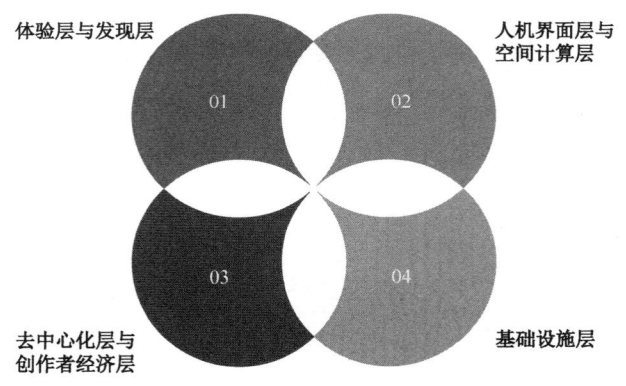

图 1-1 4 个层次解析元宇宙架构

1. 体验层与发现层

体验层主要指用户层面，即在元宇宙构建后，用户可以在元宇宙中进行各种虚拟体验，如玩游戏、社交、听音乐、看电影等。例如，Roblox 中就包含了语音助手 Alexa、办公套件 Zoom、音频社交平台 Clubhouse 等应用。玩家在其中不止能娱乐，还能进行工作、教育、现场表演等活动。

发现层主要指把人们吸引到元宇宙的方式，如手机上的软件商店、App 中的广告等。一般来说，发现机制可分为主动发现机制和被动输入机制两种形式。其中，主动发现机制指用户自发寻找，如应用商店评论、社区内容等；而被动输入机制指在用户无确切需求的情况下推广给用户，如显示广告、群发型广告投放等。

2. 人机界面层与空间计算层

人机界面层主要指硬件层面，如移动设备、可穿戴设备等。硬件设备的升级，把设备改造成更适合元宇宙的形态。例如，现在的 Oculus Quest 等 VR 设备就像未来的智能手机，它们变得越来越轻巧、灵便，并且集成智能手机所有功能及 AR/VR 应用程序，让人们能随时随地进入元宇宙。

空间计算层主要指将元宇宙 3D 化、立体化的技术，如 3D 引擎、VR/AR/XR、多任务界面等。空间计算层消除了现实世界和虚拟世界之间的障碍，这意味着用户将突破传统屏幕和键盘的界限，进入并操控 3D 空间，来增强对现实世界的体验。

3. 去中心化层与创作者经济层

去中心化层主要指连接众多虚拟世界并给予用户身份 ID 的技术，如边缘计算、区块链等。终极形态的元宇宙与电影《头号玩家》中构建的虚拟世界正好相反，它并不会由某一个组织控制，而是由单个实体控制。在元宇宙中，用户是自我管理的，可以拥有掌控数据和创作的所有权。

创作者经济层主要指帮助创作者创作或将其作品资产化的技术和方式，如设计工具、资产市场等。随着元宇宙越来越具有沉浸感、社交性和实时性，相关创作者的数量也会越来越多。创作者获得工具、模板和市场，使创作从以代码为中心逐渐变成以创意为中心。

网站可以在 Squarespace 等自助建站系统中创建和维护，3D 图形可以在 Unreal 等游戏引擎中制作。创作将变得越来越简单，人人都可以参与，并从中获得收益。

4. 基础设施层

基础设施层主要指构建元宇宙的基础技术，如 5G、Wi-Fi 6、云计算等。这些基础技术可以极大地减小延迟，使移动设备、智能眼镜等可穿戴设备的功能不受限，能够更稳定地发挥作用。

1.2 元宇宙的五大特质

元宇宙能为我们的生活带来什么改变？具体来说，元宇宙具有五大特质，分别是提供虚拟身份和多角色扮演体验，提供高自由度的沉浸式体验，形成用户共创内容模式，存在自有经济系统，虚实联动，虚拟与现实相互交融。这些特点可以为人们的娱乐、工作、社交等场景带来全新的体验。

1.2.1 特质 1：提供虚拟身份和多角色扮演体验

Roblox 的招股说明书中，曾提出了"元宇宙"八大要素，即身份、朋友、沉浸感、低延迟、多样性、随地、经济、文明。可见，元宇宙意在打造人们的第二人生，人们可以在虚拟世界里拥有新的身份、新的生活体验。

在互联网时代长大的 Z 世代（1995—2009 年间出生的一代人）崇尚个性自由，注重自我体验。随着 YOLO（You Only Live Once，只活一次）文化的兴起，年轻人开始重新审视自我，强调身份认同。而元宇宙提供的虚拟身份，让用户在其中可以切换不同的身份。沉浸式体验"第二人生"，恰好符合了 Z 世代人的需求。

曾经的 QQ 空间 3D 聊天室可以说是元宇宙的雏形。不过，相较于 3D 聊天室，元宇宙的生态更完善。元宇宙中包含了游戏、社交网络、影视娱乐等内容，还有各种工具服务。在元宇宙中，用户不仅能改变角色外观，用不同身份进行社交，还可以扮演多种角色，体验不同的现实生活。可以说，元宇宙既是现实世界的映射，也是现实世界的一部分。

1.2.2 特质2：提供高自由度的沉浸式体验

随着VR/AR/XR设备在拟真度上的突破，元宇宙将拥有极高的沉浸式体验。目前的智能手机，用户只能用视觉和听觉进行交互，而未来的科技可以将人们的其他感官也连接虚拟世界，让人们在虚拟世界中拥有更真实的感受。例如，现在许多游戏都尝试与AR/VR等技术结合，如"任天堂"发布的LABO VR套装（如图1-2所示），就是为了给玩家更真实的游戏体验。

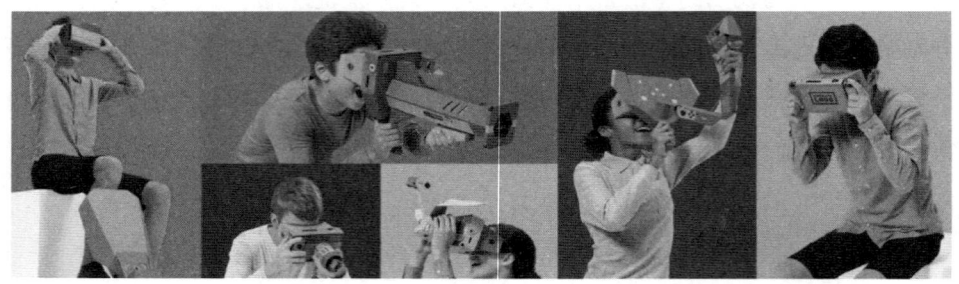

图1-2　LABO VR套装

除了更真实的体验感，用户在元宇宙中的自由度也将变得极高，甚至可以比肩现实世界的生活。例如，在游戏《我的世界》中，玩家的活动区域和活动内容都不会被限制，可以按照自己的想法尽情创造。

1.2.3 特质3：形成用户共创内容模式

元宇宙是一个内容体量极大的虚拟世界，需要源源不断的内容维持它的活力。目前，很多做内容的公司都希望构建独立世界观，打造IP宇宙，如"封神宇宙""唐探宇宙"等，目的就是构建一个内容不断扩张的世界。以漫威宇宙为例，从《钢铁侠》到《黑寡妇》，漫威系列已经出品了23部电影，12部电视剧，更有系列漫画、衍生游戏、线下乐园等联动发展，构建了一个内容丰富的世界。

宇宙的边界想要不断扩张，除了 PGC（专业生产内容）外，还需要有 UGC（用户生产内容）作为补充，保证内容的持续供应。当前我们已经从 PGC 时代进入了 UGC 时代，内容产能和社交形态都有了很大提升。以 GTA 为例，随着玩家自己制作的 MOD（游戏模组）越来越多，不仅丰富了游戏内容体系，还极大地增强了游戏的可玩性。

UGC 是内容生态的引爆器，以抖音、快手、B 站等平台为例，大部分内容都由 UGC 创作者贡献，甚至有些 UGC 内容达到了 PUGC（专业用户生产内容）水平。2021 年，B 站活跃的内容创作者达 220 万人，月均高质量投稿达 770 万件，日均视频播放量达 16 亿次，形成了良好的用户共创内容生态。

此外，大量的 UGC 内容产出还带动了 AI 内容创作的发展。目前，很多内容公司已经在探索 AI 创作模式，例如，Roblox 可以用机器学习将英语开发的游戏翻译成多种语言。此外，字节跳动、搜狗、科大讯飞等厂商都尝试推出了 AI 虚拟主播。人工智能工具的使用，能使内容创作更轻松，进而使创作者专注创意和内容质量，未来我们甚至可以进入全 AI 创作时代。随着大量高质量内容不断涌现，用户在元宇宙领域可以获得更加多元化的体验。

1.2.4 特质 4：存在自有经济系统

在传统金融体系中，法律和制度是建立信任的基础，而这一切需要中间机构作为保障。元宇宙中也存在一套独立的经济系统，这一套系统可以解决现实经济体系的信任缺陷。

元宇宙的履约流程没有中间机构，完全依靠程序和算法建立信任，价值以智能合约的形式在区块链网络中流通。元宇宙经济系统的技术支撑是区块链，而数字货币是整个经济系统的通行证。

在传统中心化游戏中，经济系统不透明，由运营者控制，付费玩家和免费玩家差距较大，同时还可能承受游戏中无限的通胀困扰，难以实现长期平衡。

区块链的出现保证了虚拟物品能够独立存在，并且交易过程公平、透明，极大地降低了交易时的信任成本，提高了资源配置效率。

此外，随着区块链的发展更为成熟，公链容量提升，去中心化概念走入大众视野，元宇宙经济会迎来进一步发展，如虚拟物品成为个人资产，出现统一的数字货币等，从而促使元宇宙的终极形态早日到来。

1.2.5 特质5：虚实联动，虚拟与现实相互交融

新冠肺炎疫情的出现使部分线下互动受到限制，数字化服务越来越多，人们也由此进入了虚实融合的社交时代。未来在元宇宙中，人们可能会直接进入虚拟世界，以虚拟形象完成社交，同时现实世界中的行为也会被反映到虚拟空间，实现虚实联动。

虚实融合将会给我们带来更丰富的社交体验。以无人驾驶为例，无人驾驶汽车上路之前需要做很多测试，但即便这样也未必能模拟所有的路况。这时虚拟世界就可以发挥作用，利用虚拟世界模拟不同路况、不同天气，将极大提升测试效率。除此之外，机器人设计也可以利用虚拟世界进行模拟测试，直到所有性能都满意时再进行实体生产，可以极大地降低生产成本。

当然，要实现虚实深度融合，各方面需要克服很多难题，如关键技术没有突破，创新体系不健全，相关基础理论研究薄弱等。随着各界的广泛关注，以及教育、医疗、游戏等领域的积极尝试，相信虚实交融的元宇宙世界已近在眼前。

1.3 剑指数字文明，元宇宙潜力无限

目前元宇宙还在发展中，有些行业还尚未受到元宇宙的影响，但毋庸置疑，元宇宙是未来技术的发展趋势。未来，元宇宙可能以数倍于互联网的速度冲击

全球，只有抓住机遇，才能在即将到来的数字文明中取得一席之地。

1.3.1 多行业数字化发展，为元宇宙奠基

清华大学新媒体研究中心发布了《2020－2021 元宇宙发展研究报告》，指出：2020 年是人类社会虚拟化的临界点，为 2021 年成为元宇宙元年做了铺垫。一方面疫情加速了社会虚拟化，在新冠肺炎疫情防控措施下，全社会上网时长大幅增长，"宅经济"快速发展；另一方面，线上生活由原先短时期的例外状态成为常态，由现实世界的补充变成了与现实世界的平行世界，人类现实生活开始大规模向虚拟世界迁移，人类成为现实与数字的"两栖物种"。

多行业的数字化发展，为元宇宙的整体形成打下了坚实的基础。在智慧城市智能管理中，数字孪生技术可以生成城市数字模型，实时反馈城市运行状态，监测并管理城市，对突发事件进行快速决策。

在工业领域，物联网技术可以构建三维可视化制造工厂，无需到实地，就可以安排生产任务，检查机器设备运营状态，真正实现无人化生产。

在影视制作方面，观众逐渐从被动观看者变为参与者，在体验内容的同时也创作内容，通过开放的 UGC 平台，参与剧本创作、视频制作等。此外，在拍摄制作环节，开始出现智能摄制模式，部分片段可在虚拟世界中独立制作，突破时空限制。

在文化艺术方面，NFT（非同质化代币）凭借其不可替代性使得虚拟物品资产化，结合数字货币和 NFT 交易平台，能更好地实现虚拟物品的确权、交易、流通等功能。而这将极大地激励创作者，让更多人为元宇宙贡献优质的原创内容。

在虚拟数字人产业方面，语音合成技术、虚拟人物建模等技术的发展让虚拟数字人的应用场景逐渐丰富，商业价值逐步显现。例如，虚拟偶像、虚拟代言人、虚拟主播等虚拟人物开始流行，他们的人设形象与品牌更贴合，运营风

险更低，还拥有直播、广告代言、演唱会、周边产品等多重变现路径。未来，虚拟数字人还可能应用到金融、文旅、教育、医疗、零售等领域，为人们带来更贴心的服务。

除了以上行业，还有许多行业都在进行数字化变革。这些行业的数字化发展，将许多工作、生活的场景转移到了虚拟世界，元宇宙的雏形也由此形成。

1.3.2 催化数字时代发展，催生新的数字文明

回顾往昔，人类每一次的文明演进，都会制定出新的规则，形成新的社会秩序，进而产生新的文明，那么元宇宙又将带我们步入怎样新的数字文明呢？如图1-3所示。

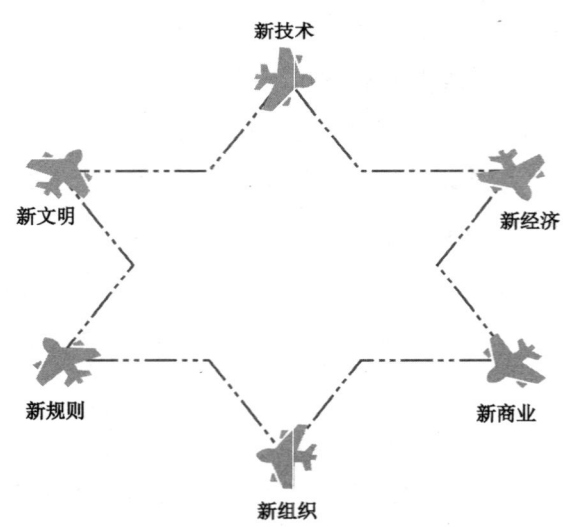

图1-3 元宇宙催生新的数字文明

1. 新技术

元宇宙由数字技术驱动形成。在未来，元宇宙会进一步促进区块链、AR、VR、人工智能、云计算等技术进一步融合并持续迭代，使其与人们的生活联系

更密切。

2. 新经济

元宇宙同样要有相匹配的经济系统作为保障。元宇宙经济是数字经济中最具活力的一部分，在未来，元宇宙中的数字资产与现实世界的资产同样有价值，人们可以用通用的数字货币自由交易数字资产，不用担心信用问题。

3. 新商业

互联网时代出现了双边市场、平台经济等新商业模式，让买家和卖家可以直接连接，实现了去中介化，形成了统一大市场，创造了无数的就业机会。而在元宇宙中，数字经济与实体经济深度融合，产业数字化和数字资产化使商业可以进一步突破资源束缚，迎来再一次的大革新。

4. 新组织

一些互联网公司鼓励员工为公司创造价值，通过期权激励员工，实现了分配方式的创新。在元宇宙时代，DAO 治理模式将广泛流行，每个人都有机会参与到改变世界的行动中，从而带动元宇宙发展和繁荣。

5. 新规则

近年来，很多国家针对互联网行业出台了相关的法律法规，一是促进数字经济发展，二是打击垄断行为，构建良好的互联网秩序。元宇宙作为有主权的数字空间，也需要具体的规则和秩序，在未来，也会有针对元宇宙的法律法规出现，而具体执行会依靠智能合约实现。

6. 新文明

元宇宙会大幅改变人们的生活方式和社会面貌，实现虚拟世界和现实世界融合，数字生活和现实生活融合，虚拟资产与实物资产融合，数字身份与真实

引爆元宇宙

身份融合,最终引领人类走向全新的数字文明。

威廉·吉布森曾言:"未来已来,只是尚未流行。"未来十年将是元宇宙急速发展的时期,将涌现一批全新的职业,如数字艺术家、虚拟设计师、数字建筑师等。要想在元宇宙中立足,我们一定要掌握与数字世界高效交互的技能,争取积累数字财富。

第 2 章

技术融合助推元宇宙发展

在元宇宙的发展历程中,每一次革命性突破都离不开技术加持。如今,越来越多的新技术问世,通过新技术的赋能,元宇宙能得到进一步发展,包括虚拟教育、虚拟金融、虚拟研讨会、虚拟创作等都将在元宇宙中出现,而虚拟世界与现实世界的边界也会逐渐消融。

2.1 XR:元宇宙虚实的交汇点

XR(Extended Reality,扩展现实),指的是一种通过计算机将虚拟情境和现实情境结合,形成人机交互的虚拟环境的技术。XR 也是 AR(增强现实)、VR(虚拟现实)、MR(混合现实)等技术的统称。XR 技术可以为用户带来虚拟世界与现实世界无缝衔接的"沉浸感",是突破元宇宙边界的重要技术。

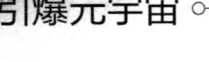

2.1.1 AR+VR+MR，XR 创造一个虚实交融的世界

XR 技术集 AR、VR、MR 等技术于一体，目的是创造一个虚实交融的世界。在这个世界中，人们不需要在现实世界和虚拟世界中做出选择，可以随时随地切换虚拟与现实，甚至可以随意召唤物体和装置，将自己的感知、记忆等放大到超人的水平，彻底颠覆人机交互方式。

1994 年，制片人朱莉·马丁首次将增强现实技术应用到戏剧作品中，杂技演员在舞台上与虚拟对象一起跳舞。如今，XR 技术被大型晚会、演出、赛事青睐，春节联欢晚会中就曾利用 XR 技术进行云录制。

除了文娱行业，XR 技术还将赋能其他生活场景，搭建起虚拟世界和现实世界之间的桥梁，推动全行业的创新发展。

1. 工作场景

有了 XR 技术，我们可以在虚拟世界中拥有具有真实感的工位和更多高端的显示设备，以及高度定制化的工作环境。到那时，工作不再受距离的限制，人们不需要耗时费力地线下通勤，仅需要用 2 秒钟发送一个会议邀请，就可以与远在千里之外的同事、客户"面对面"交流。

2. 教育场景

XR 技术可以将教育资源线上化，让所有学生都享受优质的教育资源。同时，虚拟世界与现实世界的融合还极大地丰富了教育形式，学生们可以穿越古今感受风土人情和历史事件，学习将变得更有乐趣。

3. 生活场景

XR 技术将整合所有信息，包括社交、资讯、娱乐等内容，在这个世界中人们很容易就能获取需要的信息。而且人们不需要以昂贵的价格更新设备，只需支付软件使用费就可以身临其境地获得信息。

4. 医疗场景

医疗场景也将利用 XR 技术进行革新。未来，医生可以依赖 XR 技术，将虚拟影像和真实手术场景叠加，从而提高治疗效果。另外，全息影像可以提升医生与病人沟通效率，尽量避免医患矛盾的出现。

2.1.2 技术发展+资本狂热，XR 迎来新发展

2021 年，XR 设备全球出货量超过 1 000 万台，已然达到扎克伯格曾提到的行业发展拐点。随着市场的打开，技术的进一步发展及资本投入的增加，XR 技术迎来了新发展。

XR 技术升级可以从端、管、云三个方面来看。

"端"指终端硬件上的近眼显示技术和感知交互技术的升级。这两项技术的升级能有效解决硬件画质清晰度不足、视角受限、晕眩感等体验痛点，为用户带来优秀的沉浸体验。

XR 被称为下一代计算平台，与现在的计算机相比，在维度和感知上的体验都有所提升。这要求 XR 设备必须具备空间扫描建模、全身动捕、眼动追踪等功能，以提升设备的感知交互能力。感知交互能力的提升可以有效改善佩戴现有 XR 设备的晕眩问题，优化人们在虚拟世界的体验感。感知交互技术将是未来 XR 设备的发展重点，它的优化提升将彻底颠覆人们与虚拟世界的交互方式。

"管"指网络传输技术。5G 网络高速率、低延时、大带宽的特点，可以赋能边缘化计算和处理，极大地推动 XR 相关应用的落地和普及。

"云"指云端内容制作与分发。在 5G 技术的加持下，XR 设备实现了实时海量数据处理，使得硬件终端轻量化、独立化，同时还可以借助 AI 技术提高渲染的质量和效率。

随着近眼显示技术和感知交互技术的成熟，硬件出货量的增加，XR 内容

生态也将迎来快速发展，而内容制作与分发云端化则可以进一步推动内容生态的繁荣。

在资本投入方面，XR 也迎来了第二春。

在经历了 2018 年的投资行业低谷后，XR 融资明显回暖。2018—2020 年全球 XR 融资并购规模年增速为 31%，由 2018 年的 109 起增长至 2020 年的 166 起。2021 年更是有大幅提升，仅上半年的融资额就达到 229 亿元，同比增长 108%。

从区域市场看，海外市场先行发展，逐渐引领全球发展。我国市场也受全球资本热度回暖的影响，XR 融资在 2021 年迎来复苏，其中爱奇艺 VR 的亿元融资，理湃光晶的千万元 A 轮融资，都表明我国 XR 行业在迅速发展。

从投资方向看，目前全球资本主要集中在 XR 硬件和应用两个环节。其中，在硬件方面，资本较多关注 AR 眼镜和光学器件；在应用方面，资本则较多关注教育培训、医疗健康等领域。

在产业生态崛起的过程中，势必会孕育更多的投资机会，除了普遍关注的硬件和应用，软件、内容、生态等细分领域也都孕育着诸多投资布局的机会。其中，硬件中的关键器件包含光学器件、屏幕、处理器、存储器、摄像头、电池等。如果我们拆解 Oculus VR 头显可以发现，除了光学器件和屏幕，处理器和存储器也占据了很高的制作成本。目前，国外巨头苹果、微软等都研究相关芯片，国内以华为为代表的厂家也在进行芯片开发，力求在 XR 智能终端时代不再受制于第三方。

2.1.3　XR 应用场景日渐丰富，产业生态日渐丰满

目前，XR 已经形成了非常广阔的下游应用市场，覆盖了许多生活场景。无论是 B 端市场，还是 C 端市场，XR 都有不同程度的发展，产业生态日渐丰满。

1. C 端市场

C 端市场以游戏、影视、娱乐、教育等应用为主。XR 拥有的高度沉浸感、私密性、定制化体验等特点使其天然适用于游戏、社交、视频等领域。目前，打造爆款内容形成流量入口是 XR 企业的主流商业模式。此外，相关企业也在不断拓展直播、购物、旅游等应用场景。

早在 2016 年，元宇宙概念第一股 Roblox 就开放了 VR 功能，并逐步实现了跨平台、跨设备适配，玩家们可以在电脑、手机、VR 头显等各类终端体验 VR 游戏。

在视频娱乐方面，2020 年，美国歌手 Travis Scott 在游戏《堡垒之夜》中举办了一场虚拟演唱会，使用 XR 技术呈现表演，吸引了约 2 770 万名玩家在线观看。《堡垒之夜》因活动收入 4 400 万美元，安装量环比增长了 89%。

2. B 端市场

B 端市场以工业制造、医疗、零售等应用为主。B 端业务侧重于生产经营服务，更关注通过 XR 降本增效、营销推广等，应用场景分散，并且差异较大。从市场渗透率和相关产业增速来看，XR 在医疗、工业制造、零售业等领域有较大发展潜力，其中涉及的远程培训、流程管理等场景，都需要 XR 作为生产力工具。

以工业软件巨头 PTC 公司（美国参数技术公司）为例，PTC 公司将其在产品设计和 PLM（Product Lifecycle Management，产品生命周期管理）积累的核心优势整合至 XR 平台，在虚拟空间中构建出与现实世界相同的数字镜像，模拟产品研发、生产制造、商业推广等过程，为产品设计、生产工艺、市场投放等环节奠定基础。

XR 在医疗领域也产生了巨大的价值。在手术操作训练中，XR 设备可以通过显示、触感、力反馈等功能，提升医生的沉浸感，让其更真实地体验临床手术的过程。这样既能提高医生诊断病情的准确率，又能大幅降低操作训练中器材、标本等成本。此外，XR 在远程医疗等方面也发挥了重要作用，医疗资源不发达的地区可以通过远程医疗享受发达地区的医疗资源，这将大大改善医疗资源分配不均的问题。

XR 在多行业开花增强了相关从业者的信心，虽然目前很多产品还不能达到稳定盈利，但也不会像以前那样完全依靠投资者。随着 C 端、B 端用户数量不断提升，XR 在下游的应用将愈加丰富。

2.2　5G/6G：元宇宙的通信基础

元宇宙要以通信网络的发展为基础。如果我们的通信技术还停留在 2G/3G/4G 时代，那么元宇宙的概念根本不会出现，因为人们在虚拟世界的活动会有非常严重的延迟感，根本无法实现沟通和协作。这也是为什么"元宇宙"这个概念是在 5G 普及后才兴起的，因为只有 5G 的高速率、低延时、大带宽才能支撑元宇宙的海量数据。未来还会出现 6G，使元宇宙世界运行得更加流畅，更接近科幻电影中的场景。

2.2.1　5G+AI，结合提升体验

5G 和 AI 这两种划时代技术的结合，会深刻改变我们生活和社会的方方面面。具体可分为两个方面：一是借助 AI 提升 5G 体验；二是借助 5G 提升 AI 体验。

1. 借助 AI 提升 5G 体验

将 AI 应用于 5G 网络和终端可以提升无线通信效率、电池续航及用户体验。AI 对 5G 网络管理的各个领域都有重大影响，包括简化部署，提高服务质量，提高网络安全性等。例如，AI 可以通过分析异常频谱来监测网络流量异常情况。

2. 借助 5G 提升 AI 体验

将 5G 应用于 AI 可以极大提升 AI 体验。5G 的低延时和大带宽能够使 AI 处理全面覆盖终端、边缘云和中央云，增强 AI 体验。

在 2021 年中国移动全球合作伙伴大会上，一款"大圣"版 5G 机器人格外引人注目。这款机器人不仅有华丽的外观，还能完成各种复杂场景行为，如握手、拥抱、跳舞等，如图 2-1 所示。

图 2-1 "大圣"版 5G 机器人

像"大圣"这样的 5G 赋能 AI 的案例还有很多，例如山西省吕梁市中级人民法院推行的刑事案件智能辅助办案系统。该系统依托互联网、大数据、云计算等技术，进行智能语音识别、司法实体识别等，提高了办案效率，使案件相关内容更为清晰准确。

5G 是互联网创新发展的重要支撑，提升了经济社会各领域的运营速度，推动了经济社会的高质量发展。而 5G 与 AI 的双剑合璧更为实现元宇宙奠定了坚实的网络基础。

2.2.2 5G+XR，推动 XR 设备和体验升级

5G 技术在 2021 年东京奥运会中得到了广泛应用。在开幕式之前，东京奥

运会组委会就决定在帆船、游泳、高尔夫球场馆采用 5G 和 XR 技术。例如，在游泳比赛中，观众戴上智能眼镜，就能看到参赛运动员在哪个泳道、单圈时间等数据。随着 5G 和 XR 技术的逐步成熟，也许未来观众在家里就能沉浸式观赛，甚至以运动员的第一视角感受比赛的紧张氛围，获得更有趣的体验。

"5G+XR"在医疗等领域也发挥了很大作用。在新冠肺炎疫情防控期间，RealWear 在重症病房引入智能头盔，医疗专家通过查房医生的智能头盔就可以进行视频通信和远程指导，让患者得到合适的治疗。

此外，在教育领域，"5G+AR"打造出了全息教室，把 MR 技术与 5G 技术融入课堂环境，提高了知识的保留度。全息课堂打破了现有课堂的空间局限，让不同地区的孩子都可以在全息课堂享受同样的教育资源，也解决了教育资源分配不均的问题，这为新时代的教育模式创新提供了新思路。

这些 XR 应用落地和设备体验的升级，都离不开 5G 技术的支持。在未来，共同参与、共同合作、共同受益已经成为企业谋求发展的大趋势。

2.2.3　5G+云计算，打造元宇宙算力基础

随 5G 时代到来，电信运营商开始利用云计算加快企业数字化转型的步伐。例如，电信运营商 AT&T、Verizon、Vodafone 等，都纷纷与 AWS（Amazon Web Services，亚马逊公司的云计算平台服务）合作，在云计算上的应用包括以下几个方面：

（1）5G 网络建设及运营商自身 IT 应用；

（2）移动边缘计算及物联网；

（3）媒体及内容的发布；

（4）运营及业务支持系统；

（5）自动化应用及改进客户服务体验；

（6）向企业提供通信即服务等。

下面将介绍"5G+云计算"的应用实例。

1. vEPC

在 5G 时代,几乎所有的网络应用都可以虚拟化。一些电信运营商采用 NFV（Network Functions Virtualization，网络功能虚拟化）的方式提高网络效率。而一些创新的公司直接云组建 5G 服务的核心网。

例如，Affirmed Networks 公司提出在 AWS 上搭建 vEPC（Virtualized Evolved Packet Core，虚拟化演进分组核心网）的方案,这个方案获得了创新大奖。主营物联网连接技术，业务覆盖了消费电子物联网、网联汽车、工业物联网等领域的 Transatel 公司首席执行官曾评价此方案将改写行业规则。

2. 边缘网络

Athonet 公司在 AWS Marketplace 推出了 BubbleCloud（气泡云）的核心网服务。Athonet 基于 LTE/5G 网络建立了一个边缘网络，其边缘节点与 AWS 云相连，通过 AWS 云进行管理。边缘网络连接到 AWS 云，可以实现如身份验证、漫游等复杂功能。

3. MEC

5G 还有一个重要的应用场景是利用云计算平台和移动网络的融合，实现 MEC（Mobile Edge Computing，移动边缘计算）。MEC 是一个无线网络平台，也是一个计算资源平台。它可以将移动接入网与物联网深度融合，从而节省带宽资源，改善用户体验，为第三方应用集成创造空间。

5G 带来的移动云智能互联时代是企业数字化转型的一大机遇。云计算作为信息技术的发展基石，是 5G 时代重要的技术平台，它将成为企业数字化转型的关键。例如，初创公司将云计算平台作为首选的 IT 架构平台和建设工具；传统公司利用云计算平台加速企业的数字化转型，帮助企业创新，快速掌握新技术，尝试新的业务模式。在这个新技术层出不穷的时代，各企业应该行动起来，通过掌握云计算技术而获得先机，为进入元宇宙领域做好准备。

2.2.4　6G发展，打造万物互联新时代

随着5G的落地和普及，近年来，国内外学者对6G展开了畅想。6G即第6代移动通信标准，和之前的通信技术不同，6G不再只是网络容量和传输速度的突破，而是可以缩小数字鸿沟，实现"万物互联"的终极目标。

有学者指出，6G能更广泛地增强人类的感知，甚至能实现触觉、视觉、生理和心理等的互联。6G将不再局限于地面通信，而会将地面通信、卫星通信、海洋通信全面打通，让如今的通信"盲区"也都实现信号覆盖。

2018年，诺基亚与奥卢大学、芬兰国家技术研究中心合作开启"6Genesis"项目，提出"6G for Humanity"，希望6G能成为人类进化信息交互的基石。2019年，我国科学技术部、工业和信息化部、教育部、自然科学基金委员会和中国科学院合作成立国家6G技术研发推进工作组，启动我国的6G研究工作。2020年，国际电信联盟（ITU）启动了6G研究工作，将其正式纳入研究进程。

6G的实现可以使现有网络进一步提速，全面改变人们娱乐、社交、工作的方式。目前，5G的理论峰值速度是每秒10Gbps，而6G的理论峰值速度可达到每秒1Tbps（1 024Gbps），这意味着立体全息地图、超级VR、AR等都可能在日常生活中实现，元宇宙的终极形态也将近在眼前。

未来，6G在空间通信、触觉互联网、多感官混合现实、机器间协同等领域都可能发挥重要的作用，由此开启万物互联的新时代。

2.3　AI：助力元宇宙生成

AI是元宇宙重要的基础设施，对于元宇宙的形成和融合起到关键作用。AI是一个交叉学科，对软件和硬件的提升都有着极大的促进作用。有了AI的

加持，内容生产成本能有效降低，大量规范、优质的内容能快速产出，从而加速实现多元化、开放、共享的元宇宙世界。

2.3.1 AIGC 智能生成内容，助力元宇宙自发生长

海量内容是元宇宙的特点之一，但是传统的 PGC（专业生产内容）模式根本无法满足元宇宙扩张的需求，所以很多平台都在积极探索 UGC（用户生产内容）模式，希望形成用户自给自足的内容生态。而随着 AI 技术的发展和社交方式的变化，内容生产会进一步和 AI 结合，直到完全由 AI 进行内容生产，如图 2-2 所示。

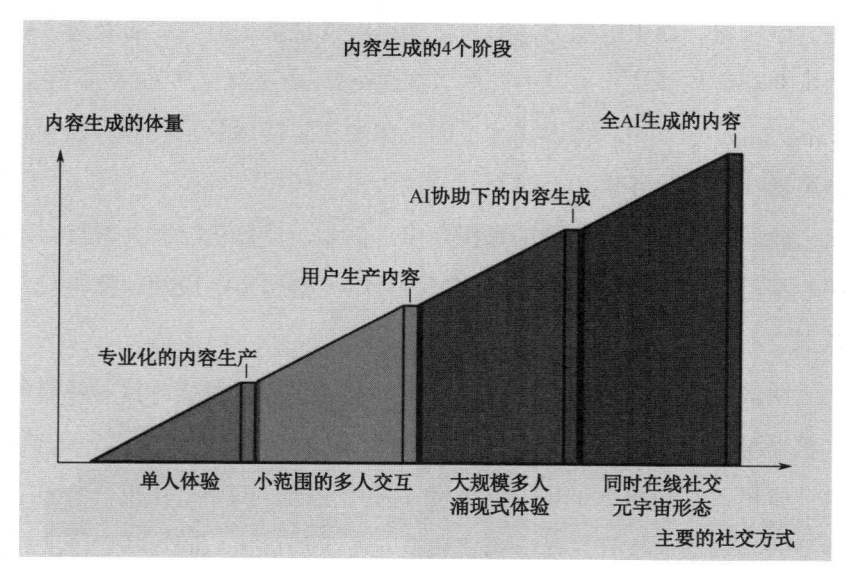

图 2-2　内容生成的 4 个阶段

AI 技术会在内容生产上为我们提供前所未有的帮助，例如，提高内容生产效率，丰富内容多样性和提供动态可交互内容等，它可以极大地弥补元宇宙的内容缺口。我们可以设想，在面对一个问题时，人类会从大脑中的知识体系里选择一个角度思考，但 AI 拥有更庞大、更多维度的知识体系，它可以从不同

角度解读问题，从而提供更多的创作思路，不仅能提升创作效率，还能丰富内容的多样性。

此外，AI自生成和涌现性的特征，能突破现有规则，为体验者提供更加动态多样的内容，但这一目标的实现需要很长的过程。

内容是由信息与载体构成的，人类对信息进行处理、加工、使用的过程就是内容创造的过程。内容创造是一个涉及多维度的复杂过程。首先，人类大脑需要具备信息接收与处理能力；其次，在学习过程中，掌握信息结构化的能力；最后，逐渐形成自我知识体系，从而创造出想象的内容。

基于对内容创造这个过程的理解，我们可以大胆假设：如果机器具备了信息处理、结构化、使用的能力，那么机器也可以具备创造内容的能力，但是机器与人类在获得外界认知上是不同的。在 The Book of Why: The New Science of Cause and Effect 一书中，作者描述了因果律的三阶段理论，我们可以据此理解人类与机器在获得外界认知上的不同。

第一阶段：观察外界环境，寻找规律。例如，计算机在研究数百万场围棋对战的数据后，可以找出胜率更高的对战策略。但这个阶段的计算机只是被动接收数据，对数据只有统计意义上的理解。

第二阶段：干预外界环境，寻找规律。例如，如果改变围棋对战时的执行策略，机器可以判断出是否能取得胜利，这个过程就需要AI主动创造数据。

第三阶段：在想象中干预外界环境，寻找规律。例如，让机器想象在围棋对战中下一步该如何执行。学会构造还没有发生的事情，则意味着AI逐渐具备了想象的能力。

人类之所以能超越以往的经验，创造出新事物，是因为我们拥有一颗擅长分析的大脑，能够构造出还没有发生的事情。而对于AI来说，可能它们尚处于第一或第二阶段，还没有办法处理复杂信息形成自己的思考。但随着AI技术的发展，第三阶段终会实现，到那时，新内容会源源不断地被生产出来，一个多元的元宇宙世界便由此形成了。

2.3.2 AI 驱动的虚拟数字人呈现海量元宇宙内容

AI 可以生成不重复的海量内容，拓展元宇宙的边界，驱动虚拟数字人将内容有组织地呈现给用户。

基于人工智能的深度学习、内容生成、视觉识别等技术越来越成熟，虚拟数字人产业也迎来了较快发展。虚拟数字人在文娱、金融、政务、消费等领域均有应用，内容呈现也越来越人性化。

基于多模态人机交互技术，虚拟数字人不断拟人化。不仅外观、表情、动作更加逼真，对语音、语意、语态的理解也更加深刻。例如，依托京东云的 AI 技术，言犀多模态交互数字人可以让虚拟数字人无限接近真人，甚至与人类建立情感上的关系。

2021 年 12 月，江南农商银行与京东云合作，推出了言犀 VTM 数字员工小江。它不是传统的咨询问答式机器人，而是能独立、准确提供全流程业务办理服务的数字员工。首先，小江的拟人化程度高，能为客户提供堪比真人柜员的体验；其次，小江与银行的业务系统深度耦合，保证了客户交易的准确性和安全性；最后，小江不仅能为客户提供便捷、流畅的服务，还能精准识别地方口音，准确接收每一位客户的要求。

除了小江，数字主播小萌也在京东"双 11"期间上岗了。在 AI 技术的驱动下，小萌可以结合商品的不同功能，做出丰富的动作，成功助力店铺实现直播时长和商品交易总额翻倍增长。

随着虚拟数字人技术的不断发展，我们相信其有朝一日会在人们的日常生活中扮演不可或缺的角色，如车里的虚拟驾驶员、家里的虚拟管家、商场里的虚拟导购、地铁里的虚拟引导员等。虚拟数字人会成为一个载体，将元宇宙的海量内容呈现出来，并在不同的领域落地应用，对社会产生价值。

2.3.3　AI助力海量内容智能审查，确保内容合规

随着短视频行业发展和用户规模不断增长，发布内容混乱的问题也越发突出。暴力、欺诈等不良内容，对网络环境造成了不良影响，也影响了短视频行业的形象。

面对不断产生的海量内容和日益严格的监管要求，短视频平台需要提升审核能力。许多平台的应对方法就是招收更多的审核人员，但随着内容数量的不断增加，各种法规和标准不断更新，人工审核的效率可能会越来越低。而且每个审核人员的主观判断标准不同，对同一内容审核结果也可能不同，影响审核的准确性。

而AI具有一站式查看图像、文本、视频的功能，可以同时进行多方面审查，如血腥暴力、敏感话题等；用户可以自定义审核维度和审核细化标准，让内容审核与时俱进。因此，AI审核则成了更好的选择。

除了能降低人力成本，AI审核还有以下功能。

1. 有针对性地解决问题

AI审核采用图片和音频分开审阅的方式。图片部分利用帧切割技术，逐帧审阅，可以更好地识别出在开头和结尾处隐藏的违禁内容。音频部分可以识别敏感词，还可以识别禁用的声音，充分保证审核的质量。

2. 审核速度快

AI审核的速度非常快，2分钟视频只需要24秒就能完成审核，即使视频中有海量的弹幕和评论，也可以在几分钟之内完成审核。AI审核可以轻松审核多个维度，如暴力恐怖主义、敏感话题等，可以帮助平台提高审核效率。

3. 低成本高危视频审核

低成本高危视频审核是指对色情、广告、暴力、不良场景、视频黑库等做

审核。在这一方面，AI 审核具备两个特点：一是图片识别准确度高，用户可实时调整；二是能够对二维码、文字等内容多层过滤，以最快的速度识别出不良内容。

AI 技术正在与各行各业结合。在这个信息爆炸的时代，每天有数不清的视频、图片、文章被上传到网络平台上，仅靠人工审核难免会有漏网之鱼，危害网络环境。有了 AI 的强力支持，可以更高效、更精准地识别出不良信息，创造更安全、健康的网络环境。

2.4 区块链：元宇宙的经济支撑

在构建元宇宙的过程中，如果没有区块链，元宇宙就永远摆脱不了游戏形态，成为与现实世界平行的虚拟世界。区块链的作用在于构建信任，实现元宇宙的价值交换。有了自有的经济系统和组织模式，人类才能在元宇宙中生活。

2.4.1 区块链实现去中心化的支付和清算系统

支付的意义在于让货币得以流通。如果没有支付给货币"授权"，那么货币就没有实际用途。例如，除了特定的交易所外，没有任何一个地方可以使用黄金直接支付，所以黄金只能当作一种收藏投资品。反之，如果货币有了某种支付方式的"授权"，那么它就可以流通使用，我们使用的交通卡、超市卡，甚至 Q 币都可以算作货币。

那么，有什么方法能让我们使用某种货币就可以畅通各大平台，让货币获得的支付"授权"变大呢？

这个设想在传统中心化商业系统中是做不到的。实现所有支付方式的互联互通，其背后的操作是相当复杂的，除非再诞生一个新机构，以更中心化的方式来运作所有平台，才能解决这个问题。

当前的支付生态虽相比过去有了巨大的改进，但资金仍是中心化运作的，每个支付机构（任何发行或流转"货币"的机构）都需要在约定时间，将上一周期的支付行为所对应的资金，与相关机构进行交换。也就是说，在中心化模式中，资金是滞后的，信息系统需要等待资金处理结果。资金的滞后导致交易系统和对账系统是分开工作的，这既加重了开发负担，又造成了管理混乱，导致跨支付机构合作几乎不可能。

另外，支付机构的体量越大，资金风险就越高，而我们只能寄希望于该机构的IT技术和管理能力。但目前各家支付机构的能力水平参差不齐，我们除了能依据牌照资质进行甄别外，没有其他更权威的方法来甄别支付机构的能力。

区块链的出现则为解决这个问题提供了一种新的可能性。资金清算存在滞后性，是因为传统资金流转成本较高，为了降低成本，所以使用轧差的方式集中处理。解决这个问题直接的办法就是通过智能合约等区块链技术，在确认交易的同时就更改数字货币的归属方，从而同步进行交易与清算。

这种方式会从根本上颠覆当前的支付和清算系统。首先，不再需要对账系统和清算人员，因为资金已经实时转移了；其次，交易接口可以变得更加灵活，如用微信余额在淘宝上购物也可以轻松实现；最后，监管也会变得更加容易，因为每笔交易都可以追溯来源，任何逃避监管的"暗箱操作"都将不复存在。

当然，有利也有弊。传统中心化支付与清算将风控分为交易风控和结算风控，结算风控会在最后人为控制风险。而去中心化的区块链支付和清算，完全依靠交易过程中的风控，需要更强大的实时交易鉴别能力。

去中心化的区块链支付和清算一旦实现，我们就可以从各类支付机构中解放出来了，届时，我们的资金存放也会有更好、更合理的方案。目前，央行已经发布了数字人民币，相信随着数字人民币的普及，交易效率能进一步提高。

2.4.2　实现公平、公正的治理模式，助力元宇宙长远发展

区块链技术掀起了热潮，许多区块链初创企业将目光集中到经济模型和治理结构两方面。许多人认识到，关于区块链项目的经济模型普遍存在不足，于是对此相关的研究越来越多，很多专业人士对此进行了系统性梳理，并对区块链通证的设计提出了构想，促进了去中心化经济系统的发展，推动了行业的前进。

但治理方面却没有太大的进展，很多治理项目还停留在理论阶段，没有可实施的细则，缺乏实际的可操作性。事实上，区块链在治理方面同样大有可为，它可以改变中心化的组织形式，形成自我调节、自我管理的创新型社区。这样的组织无论是创造力，还是灵活性都是无可替代的。

那么，如何实现去中心化治理呢？

1. 适度的中心化

完全去中心化是社区理想状态，但在实际运行过程中可能会遇到许多问题。例如，管理社区的职能会分散在很多人手中，为了能更方便地处理问题，人们会逐渐转交职权，这将导致少数人获得权力。但越庞大的社区就越难全员集合，投票和达成共识的难度也超乎想象。所以，去中心化社区也可以选择在运行过程中适度中心化，以保证治理效率。

2. 避免独裁者

去中心化治理最应该避免的就是社区中出现独裁者，即让某个人或某小部分人做所有的决策。这是因为独裁者因为长期在社区中处于权威地位，可能意识不到自身偏执或忽略他人的意见，进而导致决策失误。出于维护自身利益的原因，独裁者会倾向于弱化能制衡自己的力量。因为独裁者对社区的影响很大，所以一旦独裁者离开社区，则很可能造成社区的混乱和动荡。

3. 具备自我调整机制

去中心化社区在建立之初就要完善各种制度，让社区能保持一定步调、沿着既定方向前进。

4. 防止管理机构官僚化

去中心化社区应明确管理制度、管理者权限和管理者义务，避免管理机构功能的重叠或缺失，防止内耗。

5. 避免出现寡头经济

在保证"多劳多得"的前提下，去中心化治理应将权力的天平向多数人倾斜，保证每个人都能自由、平等地享受权利，都一样有机会参与社区治理，而不是让某一方形成垄断。

6. 妥善设计表决方案

去中心化治理应妥善确立表决方案，在不同问题上采用不同表决方式。例如，普通问题采取多数表决方式，提高决策效率；重大问题采取否决方式，保证问题能被谨慎对待；紧急问题采取效率表决方式，降低票差限制；关键问题采取一致表决方式，必须全体投票通过才可通过等。

7. 区分社区主导者和管理者

去中心化社区的主导者和管理者应当是两个不同的角色。主导者应当立足社区整体，确定社区建设和管理的大方向，确保社区的公平和自治。而管理者则要专注于管理事务，防止主导者受其干扰，从关注社区普遍建设转向关注个别管理工作。

8. 保障社区用户的共同权力

去中心化社区应建立统一的管理制度，防止管理者或小团体篡夺社区用户的集体权力。这个管理制度一要切实可行，便于操作；二要有明确的废除和更改规章的方案；三要有紧急状况的解决方案。以上3点都可以通过智能合约来实现。

关于去中心化治理的问题，在国外已被广泛讨论，而在国内目前还没有特别展开。但随着时间推移，去中心化的区块链治理一定会被重视起来。元宇宙想要实现共同建设，需要以去中心化的共享机制为前提，这也是元宇宙区块链技术的关键应用之处。

2.4.3　NFT是连接数字资产和现实资产的桥梁

近年来，关于NFT的消息频频出现。例如，NFT数字艺术作品 *Everydays—The First 5000 Days* 以约4.5亿元人民币的价格成交；胡彦斌20周年纪念黑胶NFT《和尚》，限量发售2 001张。

那么，NFT到底是什么呢？NFT（Non-Fungible Tokens，非同质化代币），是一种基于区块链技术的数字资产。2018年，一只名为Dragon的加密猫横空出世，交易价格超过了100万元人民币。随后，又出现了NFT"彩虹猫"，以60万美元的价格成交。

NFT能掀起市场波澜，主要是因为NFT具有唯一、不可分割、不可替代的特性。一幅画、一首歌、一篇文章等虚拟产品，在NFT化后，可以得到确权，变得独一无二。不仅原创者的权益可以得到保障，还加速了数字产品的流通速度。另外，不仅虚拟产品可以NFT化，现实世界中的实物资产也可以NFT化。目前，NFT应用于数字文创、收藏品、游戏道具等众多领域，以不同形式存在。

如果说云计算等技术是连接现实和虚拟的桥梁，那么NFT就是连接数字资产和现实资产的桥梁。资产被NFT化后，现实资产将映射到区块链上，届时万物即是资产，越来越多的资产将以NFT的形式呈现，侵权现象也将被进一步遏制，我们将迎来一个可信、安全、公平的数字世界。

引爆元宇宙

NFT 不像主流的数字货币那样对标贵金属，而是对标艺术品、门票、音乐、游戏等资产。这些资产具有个体差异性，每一种都具有独特的属性。世界上只有少部分财富是以货币形式存在的，更多是以资产形式存在的。这类资产普遍具有独特价值，有些价值甚至具有主观性。而 NFT 则可以确定这些资产的价值，成为类似针对虚拟资产的财富分配方式。从这一点来说，NFT 与元宇宙可谓是天作之合。

目前，游戏被认为是离元宇宙最近的赛道。区块链上去中心化 MMO 沙盒创作游戏 Metaverse X 于 2021 年上线，该游戏完全通过区块链实现去中心化。玩家在游戏中拥有土地和建筑资产，如森林、房屋等。玩家还可以创造各种商品，并将其 NFT 化在市场上公开交易，玩家能使用 FAIR 数字货币买卖自己或他人创作设计的虚拟物品。

虽然目前各大游戏项目呈现出的只是一个低配版的元宇宙，但元宇宙的构建是一个长期的过程，终极形态的元宇宙是一个更加宏大、持续存在的概念。未来的元宇宙还可以与现实世界相贯通。试想，你购买的音乐视频 NFT，不仅能以全息影像的形式"摆放"在客厅里，还能与你互动。或者你在虚拟商场购买的数字物品，能够在真实世界中配送到你家，而整个体验都是无缝的。

NFT 与元宇宙的发展必将交织向前，从最初的游戏领域，扩展到制造、建筑、汽车等多领域。未来，在元宇宙世界中，世界各地的创作者都能轻松将自己的创意制作成 NFT 在公开市场交易，人人都是元宇宙的创作者而不仅是参与者，所有的创意都将具备独一无二的价值。

2.4.4　元宇宙游戏公会：开放共享式元宇宙平台

随着 NFT 被人们逐渐熟知且接受，市场上涌现出了越来越多的 NFT 项目，这其中就包括元宇宙游戏公会，它将 Play-to-Earn（边玩边赚）游戏的玩家聚集在一起，优化社区资产，实现资产的最大效用，并与 NFT 的持有人分享利润。

下面介绍几家有代表性的元宇宙游戏公会。

1. Yield Guild Games（YGG）

YGG 于 2020 年创立，是一个去中心化自治组织，由数以万计的游戏玩家组成，他们在 Play-to-Earn 游戏中利用 NFT 产生真实的现金流，并为其他人提供更多较低成本入门的机会。该组织通过投资 Play-to-Earn 游戏赚取游戏内资产，赞助数百万游戏玩家。另外，YGG 还将社区拥有的资产效用最大化，并与公会成员分享利润。

2. Avocado Guild

元宇宙游戏公会 Avocado Guild，目前已完成 1 800 万美元的 A 轮融资，由 Animoca Brands、QCP Soteria Node 领投，创下了目前为止 Play-to-Earn 游戏公会 A 轮私募融资金额的最高纪录。

作为一家元宇宙游戏公会，Avocado Guild 投资 NFT 资产出借给公会成员参与各类链游。倡导：边玩边赋能新玩家、边玩边丰富社区、边玩边学习加密货币，实现了从玩家、社区到整个游戏领域的全覆盖。

3. Metaverse Guild Games（MGG）

MGG 是一家致力于汇聚 Play-to-Earn 游戏玩家，通过去中心化自治组织进行治理，从而建立完整、高效、开放的元宇宙游戏公会。MGG 连接现实世界与虚拟世界，面向玩家、开发者、项目方等 Play-to-Earn 游戏相关方提供全套服务，包括打金、教学、投研报告、游戏孵化、宣发等。目前，MGG 已成功投资多个 Play-to-Earn 游戏项目，未来将整合自身生态优质资源，为元宇宙游戏注入新活力。

2.5 数字孪生：实现现实世界的完美复刻

数字孪生技术能实现对现实世界的复制，它的最终产物是现实世界的镜像宇宙。而元宇宙是一个多元的虚拟宇宙，它的内容包括现实世界的虚拟化产物，还包括全新创造的虚拟化产物。因此，数字孪生技术是元宇宙的重要组成部分，对连接虚拟世界与现实世界有着重要的意义。

2.5.1 数字孪生不只是仿真

很多人认为数字孪生技术就是仿真技术，这是偏见。数字孪生技术指的是将物理模型、传感器、历史数据等集成，多学科、多尺度在虚拟空间完成对现实世界的映射，从而反映实体装备的全生命周期过程。而仿真技术只是运用确定性规律的模型来模拟物理世界的技术。只要模型正确，并输入完整的信息和环境数据，就能基本反映现实世界的特性和参数。也就是说，数字孪生技术是通过实测、仿真、数据分析来实时感知和预测物理实体对象的状态，再调控其行为；而仿真技术只是数字孪生技术运行中的一个环节。

数字孪生技术在虚拟空间构建的虚拟实体与现实世界的物理实体非常相似，但其不仅是现实世界的镜像反馈，还能接收现实世界的实时信息，并驱动物理世界，因此数字孪生技术具有动态性。此外，现实世界的本体与虚拟世界的孪生体之间的数据是双向流动的，本体可以向孪生体传输数据，孪生体也可以向本体反馈数据。例如，我们可以根据虚拟世界的孪生体反馈的数据，对本体进行干预。

数字孪生技术的应用意义，如图 2-3 所示。

第 2 章
技术融合助推元宇宙发展

1 适合产品创新设计

2 分析和预测能力

3 经验数字化

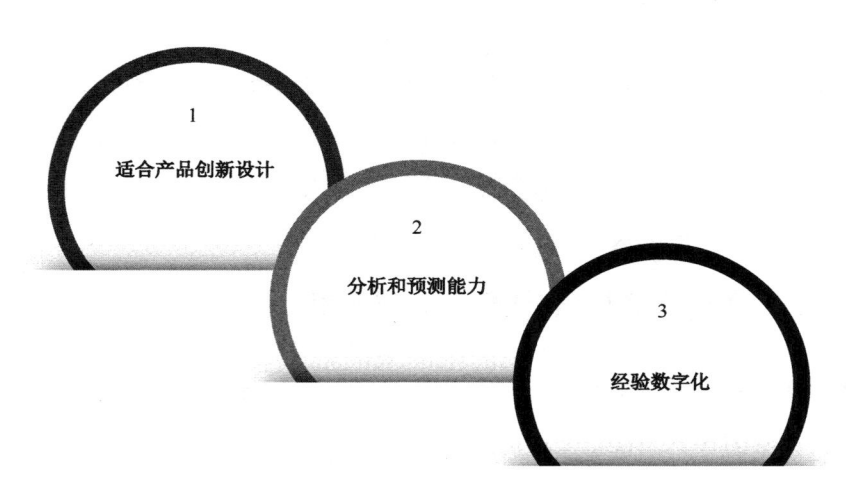

图 2-3　数字孪生技术的应用意义

1. 适合产品创新设计

数字孪生技术通过仿真工具、物联网、虚拟现实等数字化手段，将物理设备映射到虚拟空间中，突破了产品设计的物理限制，工程师们可以在虚拟空间将产品调试到最佳再进行生产，以节省产品创新成本。

2. 分析和预测能力

数字孪生技术可以通过对数据的连续采集和智能分析，预测产品维护的最佳时间，为工程检测提供参考依据。

3. 经验数字化

数字孪生技术可以根据设备运行中出现的各种故障，运用传感器的历史数据建立针对不同故障的数字化模型，结合处理记录，让机器学会智能诊断设备故障。

数字孪生技术目前在产品制造、医学分析、工程建设等领域都有应用，其中智能产品制造领域是研究最热门的领域。例如，数字化生产线将生产流程中的各个要素，如原材料、设备、工艺、工序等，通过数字化手段集成在一个生产过程中，并根据已有的规则，自动操作，实现自动化生产。此外，数字化生产线还能记录生产过程中的各种数据，为后续优化生产提供依据。可见，数字孪生技术对生产制造进入元宇宙领域有着重要意义。

2.5.2 推动现实世界向虚拟世界迁移

数字孪生技术将现实世界的一切在虚拟世界里重建，以实现现实世界与虚拟世界空间中的各类要素相互映射、高效协同，从而实现资源的合理配置。数字孪生技术将带来一场现实世界向虚拟世界的大迁移，人们的生产方式、创新方式、就业方式、组织形态等都将从现实世界迁往虚拟世界，进而实现现实世界的全面数字化。

1. 生活方式

近年来，我国移动支付普及加速迈入"无现金"社会。受新冠肺炎疫情的影响，学生线上上课，员工居家办公，商品服务的各个环节都与虚拟世界相融合。如今，全球共有互联网用户40多亿人，发达国家日平均手机上网时长多达6小时，说明我们的生活方式正在随着数字化的发展而改变。

2. 生产方式

人类向虚拟世界迁移将经历两场革命，分别是工具革命和决策革命。工具革命指的是智能工具广泛普及后引发的生产方式变革，智能工具包括有形的智能物理工具和无形的软件工具，普及后将极大地提高劳动者的工作效率。决策革命指的是以数据驱动决策代替经验决策，即运用"数据+算法"进行决策，从而提升决策的准确度和效率。这两场革命将把人们从繁重、重复性的工作中解放出来，把企业带入高频竞争时代，产品的设计、制作、测试、交付的时间都将比传统方式有所提高，从而促使企业生产进行创新。

3. 产品智能

人们从单机智能走向了系统智能。产品智能化的趋势是硬件通用化和服务可编程化，即先提高硬件资产的通用性，再满足产品的个性化需求。例如，传统汽车由多个不同标准的ECU（电子控制单元）构成的专用系统，转向类似智能手机的集中式架构，从而提升峰值输出功率、续航里程、启动速度。

4. 创新方式

如今，人类认识客观世界的方法论已从先理论推理，再实验验证，演进到"样本数据+机理模型"的模拟择优阶段。在效率上，基于数字孪生技术的"模拟择优"，可以使产业创新活动在虚拟世界快速迭代，从而大幅缩短新产品的研发、测试、量产的周期。在主体上，"模拟择优"推动数字平台的建设，普通创业者能依托数字平台，直接参与产品构思、设计、制造等环节。在流程上，以消费者为中心的逆向生产创新流程正在形成。

5. 就业方式

人们向虚拟世界迁移后，就业方式也将从传统的8小时工作制向自由连接转变。现实生活中，个体难以自由安排工作与生活的状态将不复存在，工作、生活、学习一体化的弹性工作方式将更为普遍。从个体角度，平台式就业、U盘式就业、分时就业将越来越普遍，人们甚至可以跨越现实世界与虚拟世界进行就业，灵活地安排自己的工作与生活。

6. 企业形态

人们向虚拟世界迁移后，企业将从技术密集型转变为数字密集型。工业时代用劳动密集、资本密集、资源密集运营企业的方式会逐渐过时，企业的竞争会从资源竞争转变为数据竞争。未来最有竞争力的企业一定是数据密集型企业，即那些拥有知识创造能力和丰富智能工具的企业。随着数据的及时性、准确性、完整性不断提升，数据开发的深度和广度也将不断拓展，企业的形态也将进一步数字化。

7. 组织形态

人们向虚拟世界迁移后，组织形式将会从公司制逐渐转变为产业生态。工业时代的组织方式是线性的，即按照供应链、产业链、价值链来运行。而数字时代的组织方式是平台化的，即按照"数字平台+数亿用户+海量商家+海量服务商"的模式运行，这是一种规模大、灵敏度高的组织方式，也是人类历史上分工协作的高水准，实现了生产全流程的数字管理。

8. 协作方式

人们向虚拟世界迁移后，人们将从熟人间的分工协作演变到陌生人间的分工协作，从封闭的协作方式走向开放的协作方式，人们的合作空间甚至可以覆盖全球。人们会重新建立感知、获取、传播、利用信息的新体系，企业的边界也会因此被重新定义，平台经济体迅速崛起，从而让数量众多的人共同合作。

人类已经开始向数字空间迁移，构建这个空间的基础设施是芯片、算法、数据、网络、云平台等，人们在这个空间中会有全新的工作和生活体验。而数字孪生技术的实现，将使这一场迁移加速。

2.5.3 英伟达聚焦数字孪生技术，布局元宇宙

2021年，英伟达在GPU技术大会上，宣布了"GPU+CPU+DPU"的产品战略，同时将其发布的Omniverse（全宇宙）平台定位为"工程师的元宇宙"。

Omniverse是一个易于扩展的开放式平台，专为虚拟协作和实时模拟打造，由英伟达的RTX技术提供动力支持，并可使用CUDA核心进行加速。在Omniverse上，创作者、设计师、研究员、工程师等可以连接主要设计工具和项目，从而在虚拟空间中协作。开发者和软件提供商还可以在平台上构建和销

售扩展程序，以扩展其功能。

在元宇宙时代，产业需要更强大的工具对现实世界中的物品进行建模，为元宇宙输入不同的数字模型。在数据量方面，3D模型下数据量将达到TB级，相关软件需要对TB级的数据量进行运算；在算法优化方面，进阶的算法可以精简所需的数据量，提升软件处理效率；在现实的物理算法方面，为了达到更好的模拟效果，需要多维度的算法，如模拟物理实体的材质等特征。

英伟达的Physics算法就是根据现实物体材质建模的算法。利用Omniverse平台，英伟达为企业提供了高效的建模工具，从而促进开发者生态的发展，拉动底层算力需求。因此，英伟达在设计协作技术与工业数字孪生技术方面均有积极的布局。

在设计协作技术方面，英伟达基于Omniverse平台推出了全新的产品：设计师、创作者和开发者都可以在Omniverse平台中使用PhysX、Blast、Flow等实时物理模拟功能，并使用Create、Isaac Sim等应用。

在工业数字孪生技术方面，英伟达积极布局制造业、自动驾驶、机器人、超算中心等领域。例如，宝马基于Omniverse平台打造了虚拟数字化工厂；Omniverse平台提供了一款可扩展的机器人仿真应用程序；英伟达开发了IndeX，支持用户通过可视化方式加速数据收集。

2.6 虚拟数字人：元宇宙中的原住民

虚拟数字人是元宇宙中的原住民，它们依托大数据和算法而生，完全属于虚拟世界，更是虚拟世界与现实世界沟通的桥梁。从2D的虚拟偶像到3D的虚拟数字人，虚拟数字人的形象与真实人类越来越接近，它们在逐渐模糊着虚拟与现实的边界，将人类引入虚拟世界。

2.6.1 从虚拟偶像到超写实虚拟数字人

2021年，一名叫AYAYI的女孩火了。她在小红书发布的第一篇笔记，就获得了300万阅读量，10万点赞，一夜涨粉近4万人。只是在大众视野里短时间地出现就获得了极高的话题度，一时间，关于AYAYI是真人还是AI的讨论此起彼伏。

事实上，AYAYI是某科技公司打造的我国首个超写实数字人，相比传统的虚拟偶像，她拥有更贴近真人的外表，无论是皮肤、头发还是微表情都像真人一样栩栩如生，并可以在不同的光影条件下呈现不同的效果。

虚拟偶像的概念并不是这几年才提出的，20世纪80年代，日本2D动画《超时空要塞》及《太空堡垒》的女主角就可以算最初的虚拟偶像了，她们发行单曲、举办演唱会，甚至有自己的粉丝。如今，各国的虚拟偶像层出不穷，例如，在洛杉矶居住的混血少女Lil Miquela，发行唱片，参加时尚活动；我国的虚拟偶像翎Ling走中国风路线，一颦一笑，尽显东方风情；韩国的虚拟女团Eternity发布了*I'm Real* MV；在各大电商平台的直播间里，也频频出现虚拟偶像的身影。

目前，虚拟偶像大致分为虚拟歌姬、虚拟主播、虚拟网红三类。

虚拟歌姬是声音合成软件塑造出的虚拟歌手形象，主要运营模式是用户参与、开源共创。这类虚拟歌姬在二次元领域广受欢迎，初音未来、洛天依等都是其中的代表形象。其中，洛天依被誉为我国第一代虚拟歌姬，她已"出道"9年，拥有大批粉丝。

虚拟主播是在直播兴起之后出现的，它需要真人在幕后穿戴设备，实时捕捉真人的动作和表情数据来驱动，从而实现与粉丝的互动。

虚拟网红与真人网红相似，活跃在社交媒体，定期发布照片、视频等动态，和粉丝分享生活。

随着AR、VR、计算机图形、AI、实时渲染等技术的不断成熟，虚拟偶像开始在更多的生活场景中出现，让虚拟世界与现实世界有了紧密的联系。现在，即使是不懂技术的"小白"玩家，也可以利用手机App，建立自己的虚拟形象，这让虚拟数字人技术有了更广泛地应用。

目前，作为二次元聚集地的B站已成为虚拟主播们的主阵地。根据B站监测数据，从2020年到2021年，每月约有4 000位虚拟主播开播。在虚拟偶像团体A-SOUL成员向晚的生日直播中，付费人数达1.17万人，一天营收高达125万元。

5G的广泛应用更是为虚拟数字人的发展带来了更多机遇。各大视频平台争相布局虚拟艺人，提升用户黏性，吸引年轻用户。此外，部分视频平台还推出了虚拟艺人综艺，例如，爱奇艺手语主播"奈奈"，发布原创虚拟艺人厂牌RiCH BOOM，举办虚拟人物竞演节目《跨次元新星》等。

虚拟偶像不像真人偶像有诸多限制，可以根据粉丝群体定制"人设"，基本不会有负面新闻的困扰，极大地降低了品牌营销的风险，在带货、广告等方面拥有更大的成长空间。

2.6.2 赋予元宇宙用户更自由的虚拟化身

除了用于宣传，虚拟数字人技术还可以帮助元宇宙用户创建虚拟化身，让其在元宇宙世界中拥有通行身份。

字节跳动在海外上线了一款名为"Pixsoul"产品，主打AI捏脸功能。Pixsoul提供了两个高清特效，其中之一便是Avatar（虚拟化身），它能将用户的照片转化为3D形象，或者塑造成类似电子游戏中的虚拟角色。

简而言之，Pixsoul的作用就是帮助用户打造虚拟形象，用于虚拟世界的社交。这是在硬件之外，字节跳动入局元宇宙的另一种方式。

这是因为虚拟身份被普遍认为是用户进入元宇宙的重要一环，就像PC、移动互联网时代，人们在社交软件上互动需要有昵称、社交头像等虚拟身份作为

引爆元宇宙

通行证，而沉浸感更强的元宇宙自然需要更具体、更个性、更自由的虚拟身份。

在许多影视作品中，如《头号玩家》《失控玩家》等都体现了可视化虚拟化身的重要性。每一个人想要在元宇宙中获得逼真的感官体验，摆脱物理世界的桎梏，就需要一个与元宇宙更契合的虚拟化身，从而更自由地在元宇宙中工作、社交、娱乐、交易。

此外，和现在网络形象等不同，虚拟化身不仅是一个虚拟形象，它还能体现脸部五官、情绪表情、手势姿态的变化，实现更自然、真实的交互，进而满足人们在元宇宙中拥有"第二身份"的需求。虚拟化身是制造元宇宙沉浸感的重要因素，这也是"元宇宙第一股"Roblox要将"身份"列入元宇宙八要素中的原因。而在Roblox中也拥有Avatar商店，玩家可以用道具将自己展现成自己喜欢的样子，从而彰显个性。Roblox官方还曾对外招聘Avatar设计师，为玩家设计更多虚拟饰品，满足其个性化需求。

在我国，提出构建"社交元宇宙"的Soul也开始为用户提供"虚拟化身"服务。Soul自上线就不支持上传真实头像，新用户需要用捏脸功能塑造全虚拟形象才能进入。此外，Soul还在推动虚拟生态共创工作，部分用户可以上传自己设计的虚拟头像供其他用户购买使用。这不仅丰富了虚拟头像产品，更是Soul对丰富"元宇宙"生态的尝试。

不过，现阶段距创造出像科幻电影那样的虚拟化身尚有距离，但可以肯定的是未来已至，在Roblox、Pixsoul、Soul等用户的努力探索下，"元宇宙"正在逐渐走来。

第 3 章

元宇宙产业链及发展路径分析

> 元宇宙概念火爆，让其成为备受资本关注的风口。各大企业争相入局，在元宇宙上、中、下游产业链均有涉猎，以寻求进入元宇宙的不同路径。但目前，发展元宇宙需要克服很多困难，如思想观念陈旧、资金短缺、技术不成熟等。

3.1 产业上、中、下游不断发展

元宇宙是一个集成概念，包括多技术的应用、游戏和社交平台的构建，以及其他细分领域的布局。没有哪个企业可以独立开发元宇宙，因此，各个领域的企业在元宇宙上均有发展机会，上、中、下游企业都可以找到适合自己的入口。

3.1.1 上游：底层技术堆积，涉及诸多领域

元宇宙上游产业运用多项底层技术，如 5G、云计算、边缘计算、区块链等，构建元宇宙基础架构。

1. 5G

元宇宙的高度沉浸感要求其必须高同步、低延时，而 5G 传输速率的提升将大幅改善延时，使用户获得更流畅的体验。换句话说，正是因为通信技术的发展，元宇宙的概念才能成为现实。

2. 云计算

云计算可以提升服务器的运算能力，进一步升级元宇宙的沉浸感，同时还能降低对终端设备的要求，让随时随地进入元宇宙成为可能。

3. 边缘计算

边缘计算在数据源头建立开放平台以弥补本地算力不足，可以进一步降低网络延迟，提升元宇宙的体验感。

4. 区块链

区块链不易篡改、公开透明的特性，是元宇宙构建信任的基础，也是建立元宇宙经济系统的核心。有了区块链，人们的所有交易行为都将公开透明，信任成本降低，去中心化交互将成为现实。

这些底层技术是构建元宇宙的基础，也是许多科技公司的发展重点。因为掌握了这些技术就掌握了某一领域的核心竞争力，进而成为促进元宇宙发展的中坚力量。

3.1.2 中游：游戏和社交平台为主

元宇宙的中游产业主要是对游戏的研发和社交平台的搭建。游戏是元宇宙最初的形态，它的世界观、内容和社交功能描绘出了元宇宙大致的框架，能让用户直观地感受元宇宙的概念，可以说游戏和社交是初期构建元宇宙最合适的方向。

终极形态的元宇宙要求有高度沉浸式的体验感、完整的经济系统、社会法则等，目前因为技术的限制，这些还没有办法实现，而游戏和社交平台的一些特点则比较接近元宇宙的这些要求。

1. 提供了虚拟身份

基本任何一款游戏都需要玩家先创建一个虚拟角色才可进入，并且这个虚拟角色会成为玩家在游戏世界的化身，代替玩家进行社交、交易、游玩等活动。而一款社交产品也需要用户注册一个虚拟 ID，人们通过这个虚拟 ID 与其他人社交，虚拟 ID 与 Roblox 在招股说明书中提到的元宇宙八要素中的身份有很大相似度。

2. 提供了沉浸式体验

如何长期留存玩家是每一款 App 在设计时需要考虑的问题，游戏和社交软件也不例外。作为一款游戏或社交软件，必须给用户提供快乐、沉浸式的交互体验，才能提升用户与产品之间的黏性。这与元宇宙高度沉浸感的特点极为符合。

3. 人类社会离不开社交

微信、QQ、钉钉等社交产品之所以能被广泛使用，是因为人类社会离不开社交。我们平时不仅需要和朋友、家人、恋人交流，而且需要和上级、同事沟通，社交软件几乎是人们手机中的必备品。许多游戏中也融入了社交功能，例如游戏公会、加好友功能等。同样，元宇宙要想成为平行于现实世界的虚拟世界，社交功能必不可少。

4. 有独立的经济系统

每款游戏都有与自身世界相符的虚拟货币，例如，《王者荣耀》中的金币和点券可以用于购买游戏角色或游戏皮肤，而且这些金币和点券只能在《王者荣耀》中使用，所以它拥有独立的经济系统。此外，社交软件 QQ 中也有独立的虚拟货币 Q 币，Q 币可用于 QQ 游戏币兑换、QQ 秀装扮等，所以其也拥有独立的经济体系。独立的经济体系是构成元宇宙必不可少的一部分，元宇宙想要支撑人们的生活、工作等场景，就必须有独立的价值衡量标准、价值交换方式。

目前，为了在元宇宙市场中占得先机，各大企业重点布局游戏和社交平台领域，例如，社交软件 Soul 提出布局社交元宇宙，腾讯投资 40 多家独立游戏工作室等。

3.1.3 下游：应用领域逐渐铺开

目前，元宇宙的概念虽然火热，但依然处于早期发展阶段，其底层架构、技术支撑、网络环境等条件尚未成熟，因此，元宇宙目前大多被应用于游戏、影视等娱乐方面。

但随着底层架构的不断成熟，元宇宙的下游应用场景将越来越丰富，会逐渐涉及生活的方方面面，如购物、旅行、教育等，这将给相关领域带来巨大的发展机会。

1. 购物

随着电子商务的发展，现在人们足不出户即可购买来自世界各地的商品，未来随着 AR、VR 等虚拟现实技术的发展，人们甚至可以在家"逛商场"，体验实体店的购物氛围。同时也会出现虚拟导购、虚拟产品设计师等新兴职业。

2. 旅行

旅行是最易增加环境负担的人类活动之一。但是将元宇宙应用于旅游业，使我们可以自由地参观世界上任何一个地方，甚至可以复现那些已经消失的名胜古迹。例如，Matterport 支持通过 VR 参观 5 个埃及遗址，如图 3-1 所示。

图 3-1　Meresankh Ⅲ 的古墓遗址 VR

3. 教育

新型冠状病毒疫情期间，在线教育飞速发展，但现在的技术给学生们带来的体验还很有限。随着相关技术的发展，在线教育会具备较强的沉浸感和社交性，届时学生们可以在虚拟空间上课，甚至可以和虚拟老师进行交互。课本上描述的画面可以栩栩如生地展现在眼前，学生们的学习体验将会变得更加有趣。

元宇宙是全球竞争的新高地，科技企业、资本公司的狂热都将极大地促进行业的发展，这是元宇宙积极的一面。但元宇宙想要发展还要有底层架构、后端基础、前端设备的支持，以及下游应用需求的拉动。没有需求，任何概念都只能是空谈，因此，我们在入局元宇宙时要注意有些项目可能只有短期热度，一旦热度褪去，可能会鸡飞蛋打。

3.2 众企业布局，备战新战场

元宇宙在多领域都存在巨大的发展机遇，这让各大科技企业纷纷布局，备战新战场，以应对元宇宙带来的新趋势。除了投资相关领域，还大力研究相关技术，布局相关生态，从不同角度切入元宇宙市场。

3.2.1 以投资收购提升实力，搭建发展新生态

元宇宙涉及很多方面的内容，仅凭一家公司很难开发出完整的元宇宙产业链，所以，很多公司都用投资收购的方式提升实力，从而构建新的发展生态。其中，游戏行业作为先行者，自然能引起投资人注意。

一位游戏投资人曾这样形容现在的游戏行业："所有人都在投元宇宙，所有的项目都属于元宇宙。"元宇宙这一新概念像一个重磅炸弹，让游戏行业在投资市场爆火。一方面，已经很久不过问游戏领域的投资人重新入局，将大量的资金投入元宇宙行业。另一方面，游戏大厂们加码，其中最有代表性的当属游戏行业的龙头企业腾讯。

《万国觉醒》《闪耀暖暖》《明日方舟》《原神》等游戏的火爆，成功地稳固了腾讯在游戏领域的地位，莉莉丝、叠纸、鹰角、米哈游等游戏公司的崛起也直接影响着腾讯游戏对内、对外的战略。

对内，腾讯互动娱乐事业群重新调整了游戏研发体系的组织架构，将优化发行能力、提升工业化能力、推出更多新品类作为发展方向。

对外，腾讯加大投资力度，将之前从未涉及的游戏品类统统收入麾下，仅半年，腾讯就投资了 43 家游戏公司，加大了对二次元、3A 主机游戏、精品游戏的投入。例如，腾讯以战略投资身份入股"国产 3A 巅峰之作"《黑神话：悟空》。

从投资风格上看，腾讯倾向于小金额、广撒网，尽可能多地覆盖游戏品类，和中小游戏工作室"交朋友"，例如，投资星海互娱、宙贯科技等尚处于产品研发阶段的公司。这样的投资风格，其实也间接证明了腾讯等游戏大厂不可能完全掌控市场，因此，腾讯只能扩大投资覆盖面，希望能从下一个类似《原神》的佳作中分一杯羹。

除了游戏行业，资本对元宇宙涉及的其他行业也颇为看好。Facebook 声称要做"元宇宙公司"，通过 Oculus 布局 VR 领域，并且推出 VR 社交平台 Facebook Horizon。五源资本几乎投资了元宇宙所有的重点赛道：游戏引擎投资了 Bolygon；游戏投资了 Party Animal 团队；虚拟 AI 投资了元象唯思等公司；社交领域投资了绿洲 VR。像这样的案例还有许多，可见为了获得元宇宙入场券，各大企业已经开始了紧张的备战。

3.2.2 以内外布局为依托，瞄准战略高地

除了投资收购，各大企业也开始加强自身的布局，外部的硬件和内部的软件两手抓，积极进行生态建设。

以 Facebook 为例，Facebook 诞生于 2004 年，是全球第一社交平台，月活用户超 35 亿人。Facebook 于 2012 年和 2014 年收购了 Instagram 和 WhatsApp，基于原有的社交平台，进一步完善在社交领域的布局。2021 年，Facebook 在 Connect 2021 大会上宣布改名 Meta，正式转型为元宇宙公司，开启全新的发展阶段。CEO 扎克伯格表示，公司未来的目标是让元宇宙覆盖 10 亿人，实现千亿美元的数字化经济规模。

Facebook 从收购 Oculus 开始，主要围绕硬件和生态两方面对元宇宙明确布局。硬件端全力投入 VR 一体机研发。Oculus 的 VR 产品主要有一体机和头显两类，一体机自成生态，有独立处理器；头显则需要接入主机等外部设备。2012 年，Oculus 推出的 Rift 系列主要为头显，而后 Oculus 的研发则转向独立一体机

方向，2020年推出的Oculus Quest 2，当季销量突破100万台，超过历代产品总和。

同时，Facebook也在应用端加强了生态扶持。2016年，Facebook投入5亿美元建设Oculus的内容生态。2017年，Facebook上线Facebook Space，用户可以通过其设计VR中的虚拟形象，实现360°全景社交场景。2019年，Facebook Spaces停止运营，为即将发行的Facebook Horizon让路。

2020年，Facebook Horizon开始内测，玩家可以设计更精细的虚拟形象，在更加全景化的VR世界里社交。2021年，Facebook Horizon先行公测VR办公产品Workroom，用户可通过Oculus Quest 2以虚拟形象参加会议。

除了社交和娱乐，Oculus也在制造、健身等场景探索应用可能，例如，帮助汽车制造商设计蓝图等。

Facebook的一系列布局和尝试，盈利并不是主要目的，而是为了让更多人买得起并使用VR设备，进而构建元宇宙发展生态，为后续发展做铺垫。

3.2.3 以核心能力为武器，征战细分领域

除了对元宇宙全产业链的投资和布局，还有一些公司以核心能力为武器，从细分领域切入元宇宙市场。

我国领先的全息AR应用技术供应商微美全息，宣布成立"全息元宇宙事业部"，开始布局下一代互联网。微美全息对于元宇宙的主要布局是对底层全息技术的软、硬件研发，从而拓展全息技术在元宇宙的应用场景。

在软件技术方面，微美全息利用成像检测、模板匹配、视频处理、成像识别中的全息3D层替换技术及成像跟踪中的动态融合处理技术，将全息AR内容融入虚拟应用中，在元宇宙商业应用中产生商业价值。

在全息应用方面，微美全息拥有全息IP权益内容库，内容应有尽有，从3D模型到全息虚拟产品，涵盖动漫、直播、偶像和社交等领域。

在全息硬件方面，微美全息推出相关全息 XR 头戴式设备 WiMi Hologram SoftLight，该产品在图像色彩管理、可对接的设备、佩戴体验等方面均进行了优化，目前已获准进入美国市场，为微美全息在元宇宙头显领域的发展奠定了基础。

此外，微美全息还将向博物馆、公园、体育馆、大学校园等提供 AR 元宇宙服务，进一步拓展 AR 元宇宙的应用领域，帮助人们体验更多元化的元宇宙，并逐渐使元宇宙融入日常生活。目前，微美全息已经通过其全息学院平台开发了虚拟教室、车载 AR 导航等产品，并在多个地区逐步推广使用。

微美全息现已是国内领先的全息平台，建立了自己的技术研发体系、内容制作和储备体系、商业化体系。截至 2020 年 12 月，微美全息拥有了图像处理和展示、3D 建模等方面专利 195 件，著作权 325 项，高品质的全息内容 4 600 项。2020 年，微美全息的全年营收同比增长 140%。

随着元宇宙应用的普及，与元宇宙相关的行业都迎来大发展。如果我们不能像腾讯或 Facebook 一样全面布局，还可以像微美全息一样深入自己的核心领域，从细分市场方面布局元宇宙。

3.2.4 元友荟：服务元宇宙全行业生态发展

杭州元友荟科技有限公司是致力于服务元宇宙全行业生态发展的综合性新锐企业。作为元宇宙各赛道创新项目的策源地，元友荟坚持通过科技赋能帮助合作企业打破固有认知，精准规划和建设元宇宙发展路径，迅速打造品牌 IP 和掌握行业话语权。

元友荟围绕元宇宙搭建了一个完整的应用生态，包含 NFT 头像矩阵、元宇宙 NFT 展馆、元宇宙数字人孵化器和元宇宙研究院，帮助企业和个人，打造专属 NFT，孵化优质 IP，玩转最火的链游。

1. NFT 头像矩阵

目前，元友荟数字藏品孵化空间已成功助力 Anna、何小婷等多位海内外新锐青年艺术家，成功发行个人专属 NFT 数字藏品，构建 NFT 头像矩阵，赋能数字藏品。

伴随加密行业的发展，社交达人对 NFT 头像的需求与日俱增。人们上网的时间越来越长，极度渴望通过更独特的方式在虚拟世界表达自己。

NFT 头像作为元宇宙中的身份象征，不仅能展现独特的个人形象，更是独一无二的收藏品。基于区块链技术的加密性和稀缺性，NFT 头像已经如艺术品一般具有极高的收藏价值。

元友荟深耕 NFT 头像领域，不仅为数字艺术品赋能，未来也将打开传统社交平台通向元宇宙的新窗口，共同探寻未来 Web 3.0 世界数字身份的真正意义。

2. 元宇宙 NFT 展馆

元宇宙 NFT 展馆是元友荟重金布局的板块之一。元友荟通过打造线上 NFT 展馆，为优质数字艺术作品提供全球化发行、推广等服务，并挖掘与培养青年新锐艺术家。

元宇宙 NFT 展馆的搭建，架起了一座让传统艺术与数字艺术零距离接触的桥梁。让相关用户通过展览沉浸式参与元宇宙的共建、共享，使得用户参与感和体验感并存，从而对 NFT 艺术有更深刻认知。

元宇宙 NFT 展馆与常见的 VR 虚拟美术馆、博物馆不同，VR 展厅类似于立体街景，固定了观众观看的角度、方向、线路，但元宇宙 NFT 展馆是一个全开放的世界，用户可以自行建设自己的家园，或参观别人的家园，如图 3-2 所示。

图 3-2　元宇宙 NFT 展馆

3. 元宇宙数字人孵化器

元友荟深度布局数字人赛道，已成功孵化了元九爷、元七妹、YUYUI 等多个知名数字人 IP。数字人可同时解锁次元交互，与品牌共同开启元宇宙的营销世界。

在元宇宙中，用户的虚拟化身和数字人扮演着重要的角色。元宇宙中的所有体验都围绕着这些虚拟形象展开，用户化身是元宇宙中用户自我呈现的重要方式，而数字人作为元宇宙的原住民则是元宇宙世界的重要 NPC（非玩家角色）。这一特点将带给品牌全新变化。

首先，虚拟形象 IP 将变成品牌合作的第一生产力，代替真人明星、网红成为品牌在元宇宙中的代言人。他们更具有真实感、故事感、氛围感、完整性，对比真人明星、网红，有更高的可操作性和控制性，可以和品牌深度捆绑。

其次，随着相关技术的成熟，品牌将解锁更多虚拟、沉浸式的传播方式。在元宇宙部署后期，虚拟形象 IP 会进一步与 AI、VR 等技术融合，具备更有沉浸感的虚拟社交身份。

4. 元宇宙研究院

元友荟与 OPENMETA 元宇宙研究院合作，共同研究元宇宙的发展趋势及各领域的生态应用。OPENMETA 元宇宙研究院成立于 2021 年，是一所与国家级权威机构合作、由业内先锋及领袖参与指导的元宇宙权威研究机构，集元宇宙前沿课题科普、元宇宙独角兽公司挖掘、元宇宙优质团体孵化于一身，在元宇宙领域具有专属影响力。

OPENMETA 元宇宙研究院以敏锐的视野和超前的布局，聚焦元宇宙数字身份、数字社交场景打造。通过区块链技术，开设元宇宙 AR/VR 场景模拟、链游、NFT 等数字课程，以基金导入，以产业导出，最终联通物理世界和数字世界，彻底重塑人类的数字经济体系。

3.3 走向元宇宙：路径不同但殊途同归

进入元宇宙有很多路径，我们可以钻研技术、开发硬件，或者建立平台、制作内容。不管以何种路径进入元宇宙，都是要让现实世界变得更加智能，都是为构建虚拟与现实共生的元宇宙世界助力。

3.3.1 沉浸式路径：将用户带入虚拟世界

沉浸式路径指的是通过 VR 等技术，为进入元宇宙的用户提供沉浸式的专属体验。

元宇宙的英文单词是由 Meta 和 verse 组成的，其中 Meta 代表超越，verse 代表宇宙 universe，可以理解为一个与现实世界平行的虚拟空间，用户可以在其中进行社交娱乐、创作展示、经济交易等活动，因其具有高沉浸感且与现实世界完全同步，可以逐渐发展成"超越"虚拟与现实的"元宇宙"，为人类扩大生活空间。

未来人们的生活方式，可能会像科幻电影里展示的那样：人们可以随时随地切换身份，自由穿梭于现实世界和虚拟世界，在虚拟世界中学习、工作、社交、购物、旅游等，拥有和现实世界一样的沉浸感。

3.3.2 叠加式路径：在现实世界叠加虚拟场景

叠加式路径指的是通过 AR 等技术，在现实世界进行叠加和拓展，例如，试穿虚拟的衣服和鞋子等。

刘慈欣曾表示，VR 会让人变得越来越"内向"，而不再向外开拓和探索。因此，从人类发展的角度来说，完全沉浸在虚拟世界显然是人类文明的退步，所以元宇宙应该是虚拟与现实的融合，利用 AR 等设备让现实世界的体验更丰富。

从 Phone 8 和 iPhone X 开始，苹果就一直在探索如何将 AR 融入智能手机。苹果发布的最新的芯片能让手机的 AR 功能更好实现，渲染出更真实的图像。凭借陀螺仪与加速计，用户可以将虚拟物品放在平面上，无论怎么移动，物品就像真的放在那里一样，不会有明显的抖动。可以说，iPhone 技术让 AR 中的虚拟物品更加真实，也进一步让人们看到虚拟与现实融合的可能性。

3.3.3 渐进式路径：以传统产品为依托，融入元宇宙元素

渐进式路径指的是以传统产品为依托，逐渐在产品中加入元宇宙元素。一些传统的热门游戏逐渐在游戏中加入社交、经济等元素，就是以渐进式路径进入元宇宙。

例如，颇受欢迎的《摩尔庄园》的社交功能。玩家们可以在个人资料里，详细写出地区、性别等信息，方便交友。好友之间还有丰富的互动形式，可以通过偷菜、浇水、赠送礼物、留言、点赞等活动进行互动。此外，好友还可以一起坐在沙发上发呆，一起去网红景点拍照打卡，一起泡澡等，如图 3-2 所示。

引爆元宇宙

图 3-3 《摩尔庄园》中好友一起泡澡

除了对社交功能的优化，一些游戏还拓展了新场景，例如，《和平精英》邀请华晨宇在游戏内开虚拟演唱会，让游戏逐渐融入更多的生活场景，从而拥有更多的功能。

3.3.4 激进式路径：直接打造由用户创造的去中心化世界

激进式路径指的是没有传统产品为依托，直接打造由用户创造的去中心化世界，以最接近元宇宙的形式进入元宇宙。

例如，元宇宙概念的先行者 Rolox 就是激进式路径的代表。Rolox 没有提供游戏内容，只提供开发平台和社区，激励用户创造内容，创建一个完全由用户打造的去中心化世界。这种模式非常接近元宇宙的概念，其内容没有边界，每个人都可以参与平台的建设，每个人都可以创作。新内容会源源不断地产生，平台的规模会不断扩大，从而建立良好的内容生态。

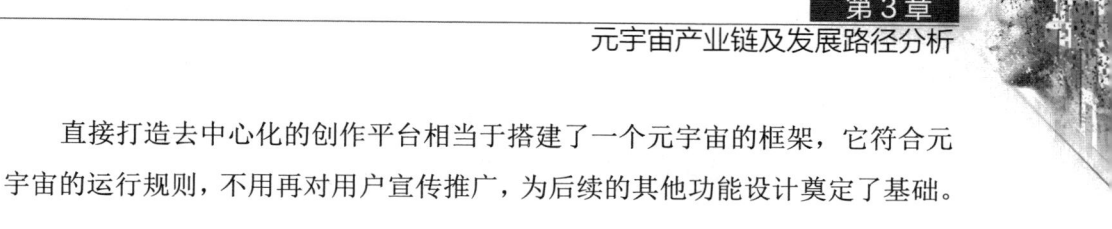

直接打造去中心化的创作平台相当于搭建了一个元宇宙的框架，它符合元宇宙的运行规则，不用再对用户宣传推广，为后续的其他功能设计奠定了基础。

3.4 发展难点：从现实迁移到元宇宙还有多远

元宇宙是互联网未来发展的方向，随着其相关技术的进一步发展，几乎所有的互联网公司都着手发展元宇宙。然而，从现在的技术发展状况、资金投入等方面来看，人类想要真正实现元宇宙，还有很多困难需要克服。

3.4.1 价格高昂，小企业难以入局

在元宇宙起步阶段，每个人都在努力成为开创者。目前在 A 股市场中，只要和元宇宙有关的项目都很火爆，但事实真是如此吗？A 股市场的小企业们真的能和腾讯、华为这些大企业竞争吗？

不论是发展硬件，还是软件，都需要大量的资金投入，如果不能投入巨额资金去做研发，就只能停留在炒作概念的阶段。目前，比较有潜力的、能与大企业抗衡的元宇宙企业还没被发掘出来，研发 AR/VR 硬件的歌尔股份勉强算是元宇宙企业，但其研究层面较浅，而且市值已经超过一千亿元，不能算是一家小企业。

腾讯、华为这样的大企业能在短期之内将元宇宙发展起来，而缺乏资金的小企业被收购的可能性很大。

现在元宇宙仅处于前期阶段，一些小企业只是停留在蹭热度的层面，并未抢占先机，取得突破。因此，想要实现元宇宙的终极形态，还需要建立良好的行业生态，降低研发成本，让中、小企业都可以参与进来。

3.4.2 技术仍存在诸多难点

虽然目前元宇宙已是人人追逐的风口，但事实上，技术局限依然是元宇宙发展的最大瓶颈，XR、区块链、AI、算力等相关底层技术，与元宇宙的落地要求仍有较大差距。要想实现元宇宙的终极形态，需要大量研究，进而进一步推动底层技术的进步。

以硬件技术为例，元宇宙需要的硬件是毫无眩晕感的VR眼镜、拥有极致算力的芯片、几乎无延迟的网络通信。这其中涉及AR/VR、AI、芯片、通信、云计算、物联网等技术，几乎是人类顶尖技术的集合。因此，元宇宙不是一家公司能实现的，它需要多平台的共同努力。

然而，以目前的技术水平，毫无眩晕感的VR眼镜、拥有极致算力的芯片、几乎无延迟的网络通信，实现其中之一已属难题，更遑论这些技术融合在一起。例如，现阶段VR设备的分辨率最高只能达到4K，远不能与人眼的清晰度相提并论，而且使用时间过久还会出现设备发烫等问题，根本无法给用户极致的沉浸感。

此外，设备价格高昂也限制了元宇宙市场规模，目前一款搭载高质量显示屏、芯片的VR设备售价在5 000元左右，不能算是人人都能负担得起的消费品。想要让这些设备像手机一样普及，还需要进一步降低其生产成本，而这一点也依赖于元宇宙技术上的突破。

第 4 章

元宇宙开启互联网新的红利时代

> 在过去的 20 年,互联网始终在高速发展。从 PC 时代到移动互联网时代,无数人享受了发展的红利。如今,移动互联网的发展开始逐渐放缓,人口红利即将结束,人们急需找到下一个互联网的红利窗口。
>
> 互联网变迁的实质是用户习惯和内容的转变。3G 时代,图片内容大发展;4G 时代,视频内容爆发;5G 时代,则是 VR 虚拟现实、远程医疗、自动驾驶等内容的天下。5G 和 AI 等技术的融合会进一步促进新内容的发展,而这将推动新平台的诞生,即元宇宙的实现。

4.1 移动互联网发展面临诸多瓶颈

目前,虽然我国移动互联网用户还在稳步增长,但增速已经开始放缓。这意味着移动互联网发展已经面临瓶颈,市场空间减小、内容单一、监管力度提升等因素都在制约着移动互联网的发展。

4.1.1　市场空间：流量红利消退，增长空间减小

现阶段，我国互联网流量增长止步不前，红利开始逐步消失。根据CNNIC（中国互联网络信息中心）的数据，截至2021年6月，我国互联网用户规模10.11亿人，较2020年底增长了2175万人，较2020年底提升了1.2%；我国手机用户规模达10.07亿人，较2020年底增长了2092万人。根据MobTech的数据，2021年第2季度，我国移动互联网用户的日均使用时长为5.8小时（如图4-1所示），增长趋于平缓。随着移动互联网逐渐普及，我国移动互联网用户规模已趋于稳定，行业发展趋于平稳，手机上网用户几乎与我国总人口持平，流量红利逐渐消失。

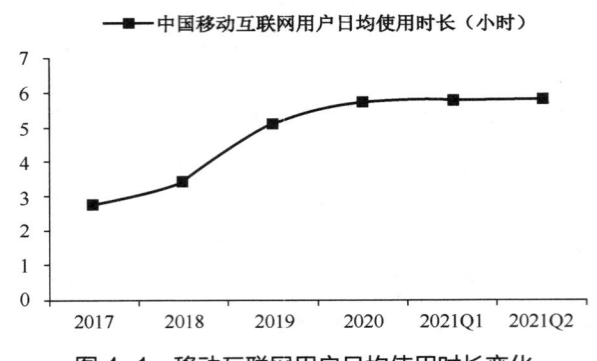

图4-1　移动互联网用户日均使用时长变化

其中，百度、阿里巴巴、腾讯的渗透率均超过80%，今日头条系列产品凭借短视频平台成功突围，渗透率达到63.1%。从内容端看，多个细分领域已经开始深耕存量用户，移动游戏、移动视频、移动音乐等领域的渗透率分别达到了87.7%、72.1%和63.1%。可见，移动互联网的市场空间已经非常有限，很难再有较大的增长。

4.1.2 内容：内容呈现单一，物理距离无法突破

目前，大部分互联网内容都是通过文字、语音、视频等方式呈现，内容形式单一，用户体验单调，无法实现超越物理距离的远距离沟通。具体体现在以下 3 个维度上。

1. 社交

QQ、微信等社交工具改变了人们的日常交流方式，人们可以利用文字、语音、视频等方式与朋友或陌生人进行交流，并在朋友圈等个人空间上进行自我展示。但人们之间依然存在较远的物理距离，无法做到在虚拟空间里像现实世界一样面对面交流。

2. 购物

电子商务最初出现时，亚马逊、淘宝、京东等大型购物平台只是以文字和图片的方式展示商品，随着通信技术的发展，网络延迟的改善，这些购物平台相继加入了视频及 3D 展示功能。虽然这些新功能让商品展示形式越来越丰富，但是购物体验依然与实体店存在差距，人们无法判断商品是否符合自己的要求，例如，用户在购买衣服时，只能看到模特穿着的效果及衣服的尺寸参数，不能看到自己穿上衣服的效果，这会导致商品与预期不符，而引发退货。

3. 娱乐

虽然现在互联网的娱乐方式多种多样，如视频、音乐、游戏等，但这些活动无法为用户提供身临其境的体验感。例如，在游戏中，用户需要使用电脑、手机等设备进行操作，无法亲身参与游戏，会让体验感大打折扣。

4.1.3 政策：反垄断浪潮渐起，监管力度提升

从 2020 年年底至今，全球新一轮反垄断浪潮渐起，国内外都在加速立法，

引爆元宇宙

加强科技平台的监管力度。2020年10月，美国颁布《数字化市场竞争调查报告》；2020年12月，欧盟颁布《数字服务法》《数字市场法》；2021年2月，中国发布《关于平台经济领域的反垄断指南》。

此外，各国对互联网巨头公司展开反垄断调查：2020年10月，美国司法部对谷歌提起反垄断诉讼；2021年上半年，欧盟对谷歌、苹果、Facebook、亚马逊展开反垄断调查；2021年4月，中国市场监管总局责令阿里巴巴停止滥用市场支配地位的行为。

新一轮反垄断监管的开启，背后的原因有3个。第一，各家科技巨头企业借助先发优势进行非公平定价、滥用用户数据、捆绑销售等行为，严重影响了市场效率；第二，科技巨头企业的影响力向社会和公共权利延伸，反垄断监管也是在遏制私权向公权扩张；第三，反垄断的最终目的是鼓励创新，科技巨头企业想要突破反垄断政策的限制，就必须开启新一轮的技术革命，寻找新的增长点。

目前，我国的宏观经济受新型冠状肺炎疫情和整体市场环境的影响，增速下降明显，很多行业已陷入了存量竞争，"内卷""躺平"等词更是引发了全网大讨论。过去，我国经济高速增长，大部分行业还有增量蛋糕，监管者为了追求发展效率，而牺牲了一些公平。而现在增量放缓，新的增长驱动力还尚未出现，为了激发市场创新，监管者就需要偏向于公平，从而促进市场繁荣。

反垄断是一把维护公平的利剑，只有打破既得利益者的固化，才能让抱团的市场有所松动，才会出现新的产能。正所谓"科学技术是第一生产力"，把科技自立自强作为国家发展的战略支撑，完善国家创新体系，加快建设科技强国。只有创新才能产生新的增长动能。若企业依旧抱残守缺，只能被市场淘汰。

4.2 元宇宙为移动互联网发展指明方向

当前，我国数字经济迎来大发展，区块链、AI、云计算等创新技术已经逐渐融入日常生活。随着互联网的进一步发展，数字化革命的下一片蓝海呼之欲出。

从 2021 年开始，国内外知名互联网企业便开始全力布局元宇宙，它们认为元宇宙是移动互联网的继任者，为移动互联网的发展指明了方向，将推动实体经济与数字经济深度融合，进一步加快我国的数字化升级，催生新的发展动能。

4.2.1 元宇宙市场规模大，打开新的发展空间

根据彭博行业的研究预计，元宇宙市场规模将在 2024 年达到 8 000 亿美元。此外，根据普华永道预计，元宇宙市场规模有望从 500 万美元增至 15 000 亿美元。可见，在移动互联网流量见顶之际，元宇宙的红利已然开启，新的发展空间即将出现。

真假难辨的沉浸式体验是元宇宙重要特征，很多与元宇宙有关的项目或产品都对此发力，以给人沉浸体验。

例如，被许多公司看好的沉浸式交互设备为用户进入元宇宙提供真实、持久、顺畅的交互体验，是现实世界与元宇宙的桥梁。沉浸式交互设备既能为用户提供具有真实感的沉浸式交互体验，又能让用户保持对真实世界的感知。可以说，AR、VR 甚至脑机接口等沉浸式交互设备是进入元宇宙的必需品，也是元宇宙的发展机会。

元宇宙是用户创造驱动的世界，因此，社交也是其中一个重要的发力点。元宇宙作为社交网络 3.0，可以为人们提供自由的匿名社交，人们可以不用再顾

忌身份、关系、人情，自由地表达自己，人与人之间可以只因为相同的属性或相同的兴趣而结缘。

元宇宙是社交 2.0 向 3.0 的跨越，社交巨头们也看好这一机遇，不管是国内的字节跳动，还是国外的 Facebook 都非常看好元宇宙带来的新社交机会，布局了很多发展战略。

除了沉浸感和社交，元宇宙还有自己的经济体系和原生货币，这也是元宇宙带来的极重要的发展机会之一。

元宇宙独立的经济体系，可以让元宇宙中的虚拟物品被获取、借出、借入、投资，用户可以在元宇宙中获利、消费、投资等，从而实现在元宇宙中工作和生活。而这一切的实现需要以区块链技术为依托，通过区块链不可篡改的属性解决盗版问题，使元宇宙中的价值归属、流通、变现和虚拟身份的认证成为可能，彻底改变传统虚拟商品交易模式。

为了构建元宇宙这一基础生态，很多企业都加快区块链研发，一些区块链游戏、NFT 艺术品、虚拟土地等产品，也颇受市场欢迎。

4.2.2　智能化趋势下，创造更多就业机会

在元宇宙引发的智能化、无人化趋势下，出现了更多的就业机会。2020 年，新冠肺炎病毒疫情席卷全球，影响了很多行业的正常运转，制造业迅速向无人化、智能化发展，全球失业率增加，美国的失业率达 14.8%，中国城镇登记失业率也达到了阶段性高位 4.2%。

回顾历史，数字经济的发展创造了大量的就业机会。腾讯、京东、阿里巴巴、美团、拼多多、字节跳动等互联网企业几乎提供了我国 1/4 的就业岗位。

作为互联网的下一站，元宇宙自然也会创造大量的就业机会。例如，Roblox 和 Unity 目前有近 800 万和 50 万的创作者；Decentraland 发布的招聘广告，月薪 500 美元的 Crypto，每天只需工作 4 小时。

未来，元宇宙领域可能会出现一批全新的职业。这些职业目前只存在于科幻小说中。

1. 元宇宙设计师

随着越来越多的企业推出定制的虚拟角色及配套的虚拟服装，元宇宙造型师可能会成为热门职业。元宇宙造型师与现实世界的个人造型师类似，他们会帮用户设计合适的造型或虚拟服饰，帮用户打造个性化的虚拟形象。

2. 元宇宙资产顾问

随着更多的虚拟资产进一步得到确权，元宇宙资产顾问将成为广受欢迎的职业。就像现在的资产顾问一样，元宇宙资产顾问能帮助用户对元宇宙中的资产进行合理规划，给用户提供好的建议，从而让用户的虚拟资产更有价值。

3. 元宇宙导游

元宇宙世界是没有边界的，用户想要获得更好的探索体验就需要元宇宙导游的帮忙。元宇宙导游将和用户一起从一个环境跳到另一个环境，为用户讲解平台的历史知识，帮助用户解锁专属体验，甚至还可以陪同用户在元宇宙中的网红景点观光。

4. 元宇宙律师

随着元宇宙中的资产加速流动，与之相适应的法律也会逐渐完善。对元宇宙中的纠纷，如数字创作的版权归属、元宇宙企业的商标纠纷、是否能在遗嘱中加入 NFT 等问题，用户需要专业的元宇宙律师为其服务。

5. 元宇宙营销人员

近几年，在很多互联网公司出现了"首席营销官"职位，这个职位的要求是对互联网文化了如指掌，能够与公司一起制定战略，将品牌与受众联系起来。

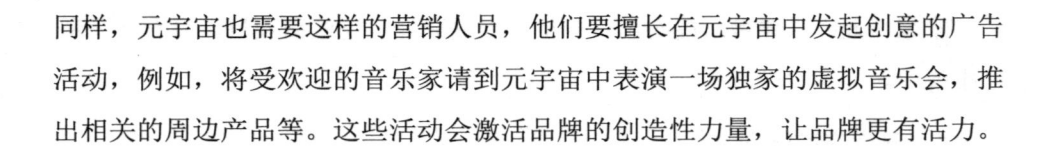

同样，元宇宙也需要这样的营销人员，他们要擅长在元宇宙中发起创意的广告活动，例如，将受欢迎的音乐家请到元宇宙中表演一场独家的虚拟音乐会，推出相关的周边产品等。这些活动会激活品牌的创造性力量，让品牌更有活力。

4.3 热潮之下，互联网巨头闻风而动

随着元宇宙的火爆发展，互联网巨头闻风而动，纷纷将注意力转移到元宇宙的相关产业。例如，头部 VC 入场，高瓴、红杉均已进入元宇宙赛道，字节跳动斥 90 亿元巨资入局元宇宙等。

4.3.1 头部 VC 入场，高瓴、红杉均已进入元宇宙赛道

目前，元宇宙发展火爆，业内甚至将其类比为 1999 年互联网，相信它能带来巨大价值。除了众多科技巨头外，许多头部 VC 纷纷花重金入场，高瓴、红杉等投资机构均已进入元宇宙赛道。

在一级市场中，高瓴资本、红杉资本、五源资本、险峰长青、星瀚资本等一线投资机构，都积极在元宇宙赛道布局，涉及领域非常广泛，包括虚拟社交、虚拟偶像、游戏公司、AR/VR 项目等。其中，红杉资本领投了 F2P 社交游戏平台 Rec Room，甚至有消息称，红杉资本计划要投资 50 家元宇宙游戏公司。

尽管元宇宙还处于发展初期，但其无疑会带来巨大的社会变化，推动人们的日常生活进一步升级，从而产生巨大的市场联动效应。很显然，无论是资本，还是科技企业都不愿意错过这一风口，但当大量资金涌入时，我们必须保持头脑清醒。需要明确一个不容忽视的问题：资本并不知道哪条赛道会在元宇宙领域胜出，哪个细分行业有前景，元宇宙何时会迎来拐点，所以多数企业投资元宇宙也只是处于跟风阶段。

最近两年用元宇宙概念融资的项目很多，出现了一些蹭热点的现象。中小

型投资者切忌盲目跟风，以免被一些空"喊口号"，没有实际研究成果的项目骗了资金。

4.3.2 字节跳动斥90亿元巨资入局，争夺入场券

2021年，创业公司Pico发出全员信，披露公司已被字节跳动收购。在全员信中，Pico表示将并入字节跳动的VR相关业务，联合字节跳动的资源和技术，在产品研发和开发生态上加大投入。天眼查信息显示，该并购案的交易金额为90亿元，是目前为止我国VR行业最大的一笔收购。

Pico 2015年成立，主要业务为VR一体机的研发、生产和销售。在VR一体机领域，Pico已是国内第一，而且在国外市场也有不俗的表现。据IDC（互联网数据中心）报告显示，Pico 2021年第一季度全球出货量较上年增长44.7%，是第三大头戴式VR设备制造商。资本市场也非常看好Pico，目前该公司已获得4轮融资。有了Pico的加入，字节跳动能够更快地与全球用户建立连接，从而通过AR、VR打开"元宇宙"大门。

根据数据显示，2021年字节跳动投资了5家游戏公司，包括下大手笔并购沐瞳科技与有爱互娱。比起开发新的内容，字节跳动更偏向"独家代理"。对字节跳动而言，要想巩固自己的地位，只靠大手笔地投入资金还不够，还需要有足够的耐心，打造出真正受年轻人追捧的精品游戏，用作品在市场中占据一席之地。也只有这样，才能在拿到元宇宙入场券后，进一步在元宇宙市场站稳脚跟。

第 5 章

元宇宙游戏：巨头抢先布局的核心赛道

以当前的市场形式来看，尽管元宇宙涉及艺术品、社交、经济、演出等多个领域，但游戏领域依然是元宇宙发展的核心赛道。一方面，早期的元宇宙产品大多来自游戏领域，围绕游戏构建的元宇宙基础架构也日渐成熟，有一定的用户基础。另一方面，许多游戏进行了价值延伸，使虚拟世界与现实世界的边界开始模糊，元宇宙游戏的独特构造正在形成。在游戏世界中，玩家既是消费者，也是创造者，可以购买游戏世界的物品所有权，也可以出售自己游戏世界的物品。在双重身份的驱动下，游戏将为元宇宙带来庞大的增量市场。

在庞大的增量市场吸引下，许多游戏巨头公司纷纷入局，发展元宇宙游戏，挖掘游戏的更多价值，抢占元宇宙的核心赛道。

第 5 章

元宇宙游戏：巨头抢先布局的核心赛道

5.1 游戏有望成为元宇宙最先落地的场景

目前，元宇宙游戏落地平台已不在少数。根据《2021 年全球游戏市场报告》，2021 年，全球游戏玩家总数超过 30 亿人。预计到 2024 年，游戏玩家总数可达 33.2 亿人，全球游戏收入将达到 2 187 亿美元。可见，游戏的市场空间非常巨大。

元宇宙可以借助游戏给人们提供建立联系的平台，依托云端强大的计算和渲染能力提供更具沉浸感的云游戏，因此，游戏有望成为元宇宙最先落地的场景。

5.1.1 游戏为元宇宙提供引擎和虚拟场景

游戏是元宇宙的基础形态，它对构建元宇宙有着重要的作用。第一，搭建虚拟世界需要以游戏技术为依托，游戏产品的形式与元宇宙相似，可以作为元宇宙的展现方式；第二，游戏世界的构建基于对现实的模拟和延伸，可以为用户提供更沉浸、实时和多元的体验。因此，游戏是构建元宇宙世界的载体，而元宇宙是对游戏世界的进一步延伸。

（1）游戏和元宇宙都打造了一个虚拟空间

游戏通过建立地图和场景构建了一个有边界的虚拟世界，例如，*GTA5* 打造了一张洛圣都地图，玩家在其中可以自由探索；AR 游戏 *Pokemon GO* 根据现实世界场景打造了一个宝可梦世界，玩家可以在这个世界中捕捉宝可梦。无论是开放世界游戏，还是模拟现实场景的 AR 游戏，都是展现元宇宙的方式。元宇宙的形成需要在这些游戏架构的基础上扩张边界，以支撑庞大的内容体量。

（2）游戏和元宇宙都给予用户对应的虚拟身份

无论是在游戏，还是在元宇宙中，用户都需要一个虚拟身份，并基于该身

份在虚拟世界中进行娱乐、社交、交易等活动。例如，腾讯《天涯明月刀》手游可以进行个性化捏脸打造形象。然而，与游戏不同，元宇宙是一个统一的体系，其身份系统需要实现统一。例如，在 Roblox 平台，虽然平台有许多游戏，但是各个游戏都共用一个虚拟身份和社交关系，由此形成较强的用户黏性。

（3）游戏引擎是打造元宇宙高沉浸度和拟真度的必要工具

以元宇宙的内容体量来说，它将是一个超大规模的实时交互的数字场景，需要具备处理丰富信息量的能力，而游戏引擎的升级则可以增强这种能力。目前，游戏行业常用的虚幻 4 和 Unity 3D 引擎已拥有了 PBR 物理光照模型、GPU 粒子等高级功能，而且还向着更强大、更易用的趋势发展。以虚幻 5 引擎为例，它优化了开发的工作流，渲染效率提升了数倍，还通过 Nanite 和 Lumen 技术，实现了影视级美术效果。未来，随着游戏引擎的持续升级，元宇宙也会拥有更强大的表现力。

5.1.2 以游戏的虚拟世界搭建元宇宙有迹可循

2020 年，受新冠肺炎疫情的影响，很多学校都不能在线下举行毕业典礼。为了弥补毕业生们的缺憾，有些学校在游戏里举办"云毕业典礼"。中国传媒大学动画与数字学院在《我的世界》这款游戏中打造了"云毕业典礼"，获得了广泛关注，如图 5-1 所示。

图 5-1 中国传媒大学动画与数字学院"云毕业典礼"

这场"云毕业典礼"打破传统线下典礼拘谨的氛围,游戏世界里的毕业生们一键换上学士服,走红毯,就像是闯进魔法世界,一瞬间让人以为是霍格沃茨魔法学校的毕业典礼。这场不足千人的毕业典礼,引发全网上亿人观看,微博话题阅读量达 1.5 亿人次。

毕业典礼地图 1:1 还原中国传媒大学校园,甚至包括花草树木和小动物,满足了毕业生们与母校拍照留念的愿望。学生们排队有序入场,领一套学士服,穿上学士服后前往小礼堂观看毕业设计展览,听主持人讲解毕业设计作品。最后,最具仪式感的环节是学生们身穿学士服走红毯,很多学生难以抑制激动的心情,在红毯上跳跃。中国传媒大学动画与数字学院的院长与书记,也在这场"云毕业典礼"中进行了跨次元演讲,为学生们上了最后一课,让这场"云毕业典礼"在感动和欢笑中落下帷幕。

上述场景虽然没有让学生们真正走入虚拟世界参加毕业典礼,但一些生态特点已经符合元宇宙的特质。例如,在虚拟世界中自由创作、自由交互等。其信息的搭载方式和交互方式都有了更新和进化。

目前,互联网产业的发展进入了瓶颈期,平台内卷严重,在内容载体、传播方式、交互方式等方面长期没有突破,亟需业界的有识之士构建新的媒介形态,而元宇宙正是解决这一问题的突破口。随着元宇宙对媒介形态的颠覆,人类可以打破既有的社会实践边界。

5.1.3 《动物森友会》将会议搬进虚拟世界

受新型冠状病毒肺炎疫情的影响,虚拟环境成为人们日常重要的交流途径。继各大学校在《我的世界》里举办毕业典礼之后,AI 领域顶级学术会议 ACAI 2020 在《动物森友会》中召开。《动物森友会》是一款没有固定剧情的开放游戏,玩家可以在里面独自生活,自由沟通,不受默认剧情限制。

这场会议由佛罗里达国际大学博士 Josh Eisenberg 组织举办,他主要从事自然语言理解方面的研究，希望通过线上活动让更多 AI 研究者在疫情防控期间保持顺畅的学术交流。

会议在《动物森友会》的小岛上举行，实时音频、PPT 在虚拟会议空间通过 Zoom 传递给参会者。参会资格无限制，各 AI 领域的研究者都可以提交摘要。大会特别鼓励参会者针对叙述式计算模型、自然语言理解、对话式 AI、计算创造力、自动音乐理解、电子游戏 AI 等主题进行汇报。

大会组织者表示，之所以额外强调以上主题，是因为这些研究方向与《动物森友会》密切相关，可能对人和虚拟角色交互产生影响。

在会议开始前，参会者要提前乘飞机到主持人的小岛上，进入主持人的房间准备演讲。被选中演讲的人的演讲时间为 15 分钟，并且有 5 分钟观众问答环节，如图 5-2 所示。

图 5-2　《动物森友会》2020 会议现场

因为《动物森友会》有上岛人数限制，所以并不是所有参会者都聚集在一个小岛上。用于汇报的小岛只有 4 到 5 名参会者，演讲结束后，这些人会转移到不同的"茶歇小岛"休息，然后下一场演讲的人开始上岛演讲。此外，大会还提供了很多 Zoom 房间，以保证小型会话同时进行，参会者可以和其他研究者展开一些有意义的交谈。

第 5 章
元宇宙游戏：巨头抢先布局的核心赛道

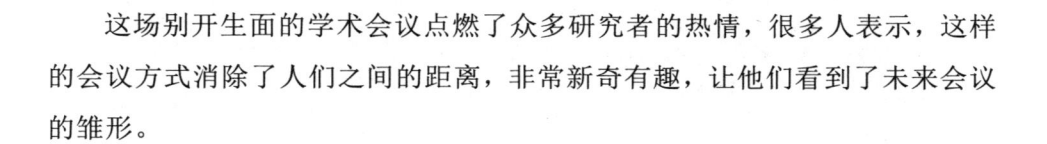

这场别开生面的学术会议点燃了众多研究者的热情，很多人表示，这样的会议方式消除了人们之间的距离，非常新奇有趣，让他们看到了未来会议的雏形。

5.2 元宇宙游戏成为企业发展"加速器"

游戏作为最先发展元宇宙的领域，颇受各大企业的青睐。很多企业都将发展元宇宙游戏作为企业转型元宇宙的入口，如中青宝、世纪华通、中手游等。元宇宙游戏加快了这些企业的发展速度，让其初尝了元宇宙红利。

5.2.1 中青宝借《酿酒大师》抢滩元宇宙

根据中青宝官方公众号刊登的信息显示，中青宝互动网络公司计划推出一款名为《酿酒大师》的元宇宙游戏，这款游戏为模拟经营类游戏，玩家可以在游戏中实现虚拟与现实联动。

该游戏的故事情节是玩家穿越到 100 年前的中国，变成酒厂管理者，一切从零开始，经营酒厂。其中，白酒勾兑环节是该游戏的亮点，玩家勾兑出的每一瓶酒都是独一无二的。玩家可以进行深度探索，还有可能意外让失传的配方重现江湖。此外，玩家可以自己制定酒厂经营计划，包括日常管理、招聘、品牌宣传等（员工管理游戏界面如图 5-3 所示），把酒厂打造成更有名气的白酒商业帝国。

《酿酒大师》还可以进行虚拟与现实联动，玩家可以在线下酒厂品牌经营店中提走游戏中酿的酒。中青宝表示，官方合作的酒厂为知名白酒品牌，玩家提走的酒都会经过国际白酒品鉴师鉴定，最终给出官方认证。此外，玩家的酒厂品牌还会获得 NFT 认证，玩家可以通过品牌拍卖获得收益。

引爆元宇宙

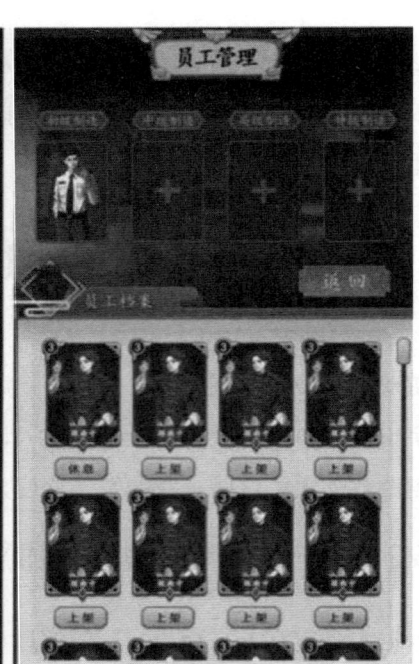

图 5-3　员工管理游戏界面

目前官方只公布了这款游戏的框架，对于"是否会使用 VR 或 AR 技术"等问题尚未给出正面回复。这也让许多人质疑其有"蹭热度"嫌疑。但不管中青宝为何推出《酿酒大师》这款游戏，"元宇宙"都已经开始"回馈"中青宝。在公布《酿酒大师》之前，中青宝的股价平平，而在公布《酿酒大师》之后，中青宝的股价大幅上涨了 59.94%。可以说，中青宝借助元宇宙游戏成功实现逆势翻盘。

5.2.2　世纪华通以 *LiveTopia* 占领新赛道

2021 年 4 月，一款名为 *LiveTopia*（闪耀小镇）的游戏在 Roblox 平台上线。这款由世纪华通旗下点点互动研发的元宇宙游戏，在上线后极短时间内就取得了月活用户 4 000 万人、累计用户 1 亿人的成绩。

LiveTopia 是一款多人开放式角色扮演游戏，玩家在广阔的游戏世界里，可以扮演自己喜欢的角色，与其他玩家一起创造虚拟世界，体验丰富的生活。游戏中有逼真的城市景观，如地铁、机场、公路、水族馆、公园等，如图 5-4 所示。玩家还可以拥有自己的土地，并在上面建造房子。此外，还有不计其数的服饰、道具、宠物、车辆等。在这个开放的世界中，玩家可以尽情体验不一样的人生。

图 5-4 *LiveTopia* 水族馆

在新冠肺炎疫情严峻的背景下，人们对线上生活场景、娱乐体验、社交生活等有了更高的要求，急需相关的产品满足需求。元宇宙的概念虽然被炒得火热，但其落地产品很少。世纪华通没有从 VR 与平台入手，选择深耕元宇宙游戏内容，让 *LiveTopia* 成为了国内元宇宙概念下布局的首款落地产品，成功抢占新赛道。

5.2.3 中手游依托 IP 打造国风文化元宇宙

中手游董事长兼 CEO 肖健曾在线上与投资者交流时，公布了"仙剑元宇宙"的具体规划。"仙剑元宇宙"以自研产品《仙剑奇侠传：世界》为依托，目标是打造虚拟与现实相互融合的元宇宙世界。肖健在会上表示，《仙剑奇侠传：

世界》将是国内首个具备开放世界元素的国风文化元宇宙游戏，同时还提供 VR 深度体验，玩家可以利用 VR 设备化身虚拟角色去体验仙剑世界。

《仙剑奇侠传：世界》是一款架设在"仙剑奇侠传"IP 世界观上的高自由度、沉浸式开放世界游戏。研发团队依托在 VR 技术、开放世界 PRG 技术等方面的研究基础，为玩家提供极具差异化的沉浸式体验。玩家可以根据自己的"想法"选择在"仙剑世界"中的生活方式，按照自己的意愿探索世界。

同时，玩家还能利用 VR 设备化身虚拟角色走进"仙剑世界"，与好友一起游历，斩妖除魔，和仙剑世界中的一草一木交互，亲身体验"御剑飞行"，甚至可以和好友在游戏世界来一场沉浸式剧本杀。

此外，在《仙剑奇侠传：世界》中，玩家们还能在游戏中的虚拟演出上结识身处于不同地域的伙伴，跨越物理空间的限制。玩家不仅能享受如置身现场般清晰、美妙的音乐，还能与五湖四海的朋友进行多种形式的互动，如图 5-5 所示。

图 5-5　《仙剑奇侠传：世界》虚拟演出界面

过往《仙剑奇侠传》系列中极为标志性的御灵玩法，在《仙剑奇侠传：世界》中也得到了延续。《仙剑奇侠传：世界》中的御灵玩法基于 NFT 技术，玩家拥有的每一只御灵都是独一无二的，这些御灵可以作为数字藏品在玩家之间赠送，如图 5-6 所示。

第 5 章
元宇宙游戏：巨头抢先布局的核心赛道

图 5-6 《仙剑奇侠传：世界》御灵

一直以来，用户创造都被认为是元宇宙必须具备的核心要素之一，Roblox 大火的原因就是其拥有完善的 UGC 生态。玩家可以自由发挥想象力，不受开发者的规则限制，从而不断产出全新且有趣的内容，保证内容源源不断被供给。《仙剑奇侠传：世界》中也存在类似的内容生态，而且还向玩家提供了低门槛的 UGC 编辑器，让广大玩家可以轻松进行内容创作。而玩家在游戏内所创作的内容都将转化成"数字资产"。

《仙剑奇侠传：世界》在虚拟经济生态方面也做了布局，玩家可以在游戏内购买土地、建造房屋或庭院，还可以在商业街区租赁经营店铺，出售自己创造的游戏内容、皮肤、宠物等资产。

仙剑游戏元宇宙中出现的所有内容，都会在现实中与玩家相遇，例如，线上和线下联动的虚拟演出等，虚拟场景会逐渐与现实场景展开更多的融合。

5.2.4　微软收购动视暴雪，布局元宇宙游戏

2022 年 1 月 18 日，微软宣布以 687 亿美元的价格收购全球顶尖游戏公司动视暴雪，打破了全球游戏史上的收购金额纪录。微软公司表示，此次收购将加速公司移动、PC、云端等方面游戏业务的增长，为发力元宇宙提供基石。

此次收购背后的动因是什么？游戏与元宇宙在诸多方面存在契合性，这使

得很多企业在布局元宇宙时都会从游戏入手。而作为全球顶尖的游戏公司，动视暴雪在游戏领域具有诸多优势。

一方面，动视暴雪是全球知名的游戏发行商，业务涉及主机游戏、PC游戏、手机游戏等诸多方面，在长期的经营中积累了大量用户，月活跃用户超过4亿。同时，在海量用户的长期活跃下，也形成了成熟的游戏社区。另一方面，动视暴雪旗下有《魔兽世界》《守望先锋》《糖果粉碎传奇》等知名游戏产品，形成了强大的游戏IP矩阵。凭借动视暴雪的这些优势，此次收购将大大提升微软的元宇宙竞争力。

微软收购动视暴雪后，将大大丰富自身游戏业务，完善游戏创作、发行、运营生态。此外，结合动视暴雪的强大IP资源，微软的元宇宙产业也将得到进一步发展。

5.3 未来趋势：多种游戏形态向元宇宙游戏迈进

因为游戏与元宇宙有着天然的契合性，未来还会有更多的游戏形态向元宇宙游戏迈进，如沙盒游戏、云游戏等。这些游戏会逐步加入元宇宙相关元素，拓展出更多应用场景，描绘出元宇宙的初步形态。

5.3.1 沙盒游戏不断向元宇宙游戏发展

沙盒游戏是一种自由度高、随机性强、没有固定任务的游戏，这些特点极符合元宇宙的基本特征，是其不断向元宇宙发展的基础。

迷你创想旗下的沙盒游戏《迷你世界》公布了三大战略规划：构建《迷你世界》内容生态体系，自研创作工具《迷你编程》，推出迷你IP文创。

1. 构建《迷你世界》内容生态体系

内容是游戏的核心竞争力，如何实现持续的用户创作是每一家游戏公司都在思考的问题。在《迷你世界》里，创作分为3个阶梯：基础阶梯是用户在游戏过程中的创作；中级阶梯是用户在开发者模式下，创作更复杂玩法的作品，供其他玩家使用；高级阶梯是《迷你世界》面向工作室团队推出的 PC 端开发工具，制作效率和能力更强大。

目前，《迷你世界》有 7 000 万创作者，创作出近 2 亿作品。《迷你世界》有两个目标：一是，降低创作门槛，让所有玩家都能创作；二是，通过专业工具，扶持开发团队，制作出更复杂、多元的内容。这两个目标，让《迷你世界》与其他沙盒游戏产生差异，让更多用户能够参与游戏创作。

《迷你世界》目前有近 40 万认证开发者，其希望更多个人创作者、工作室、专业研发团队能加入生态创作，以吸引更多玩家，产生更多价值，并用更多经济收入回馈开发者，让开发者享受《迷你世界》的商业化红利。《迷你世界》通过开发者的内容去实现商业变现和增长。与沙盒游戏 Roblox 的思路相似，《迷你世界》通过前期获取一批用户，取得一定收入后，将收入补贴给平台内的开发者，激励开发者创作更多内容，吸引更多用户参与，提升付费率，而《迷你世界》则基于更大的用户体量，将更多收入分给开发者，从而形成良性循环的内容生态体系。

这样的内容生态体系不受制于官方的内容生产，打破游戏内容产能的限制，形成了复利效应，可以让新内容源源不断地产生。

2. 自研创作工具《迷你编程》

立足于沙盒游戏探索编程兴趣教学，《迷你编程》是《迷你世界》的又一战略发展方向。《迷你编程》于 2021 年 1 月上线，最高单日学习人数达 28 万人，日均学习时长达 58 分钟，这一数字是传统编程教育行业平均值的 2 倍。

《迷你编程》有三大特色：3D 沙盒引擎、游戏化教学模式、可联机创作。

（1）3D 沙盒引擎。用户可以利用素材库的数千种模型，如树木、土地、动物等，自由创作组合，如图 5-7 所示。

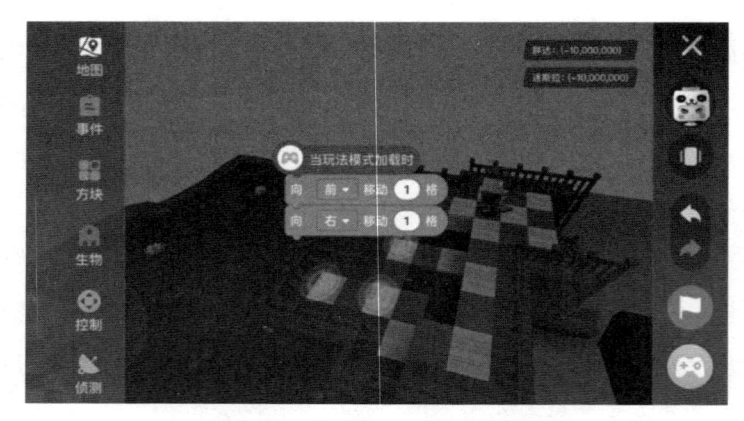

图 5-7 《迷你编程》创作界面

（2）游戏化教学模式。《迷你编程》将客场体系设计成关卡式，将编程知识的学习过程设计成游戏，融合在各关卡中，用户在游戏过程中可以学习编程知识。

（3）可联机创作。《迷你编程》支持多人联机，多个用户可在同一场景内同时进行创作，实现团队开发。

在《迷你编程》社区内，用户每天上传的作品超过 5 万个，这些作品还可以被其他用户学习、改编、分享，在此基础上打造出更多优秀的作品，最终构建创作、分享、学习、再创作的自循环体系。

3. 推出迷你 IP 文创

迷你创想推出 IP 潮玩品牌"MINITOYS"，发布动画电影预告片，希望建立迷你 IP 宇宙。MINITOYS 将游戏内的高人气 IP 制作成潮流产品，如盲盒、公仔等。迷你创想 IP 形象盲盒还曾入选双十一天猫高端潮玩盲盒榜，其中，"迷你宇宙少女团"系列销售了超 200 万个。

迷你创想在漫画、广播剧等方面，也有布局。2021 年，迷你创想推出世界观网站，让用户可以自由设定个人形象，加入《迷你世界》中来。此外，《迷你世界》的首部动画短片《花语程行》也收获了超过 11 亿次播放量，其院线电影

《迷你世界之觉醒》也在积极筹备中。

此外，《迷你世界》中还加入了数字场景。《迷你世界》与 QQ 音乐深度合作，在游戏中举办音乐会，从而让不同年龄、地域的用户都可以参与数字化交互场景中来，如图 5-8 所示。

图 5-8　《迷你世界》音乐会概念图

《迷你世界》的这些尝试让《迷你世界》接近元宇宙的初级形态，即虚拟世界与现实世界高度同步与交互，用户拥有高自由度，可在虚拟世界中自由创造和探索，内容永续生产。除了元宇宙的经济系统，《迷你世界》几乎构建出元宇宙的框架。未来，随着技术的成熟和用户规模的扩大，《迷你世界》也许能进一步升级，率先构建出元宇宙的全面貌。

5.3.2　算力迁跃，云游戏走向元宇宙

元宇宙概念的出现引发多个行业的变革。从 Roblox 开始，游戏成为元宇宙最先的落地场景，而云游戏则被认为是实现元宇宙的关键路径之一。在此基础上，云游戏产业进一步升温，游戏体验也有了关键性提升。

在英特尔 2021 渠道解决方案峰会上，英特尔战略合作伙伴顺网科技展

示了一份云游戏解决方案，在高性能边缘算力的基础上，实现了云游戏体验的升级。

据顺网科技介绍，该方案突破了本地硬件性能的限制，用边缘节点机房解决了延迟问题，实现了高效的算力分配。

顺网云游戏在提供高性能云服务的基础上，优化了网络环境，极大提升了用户体验。在强网环境下，延迟小于 0.5 毫秒；在弱网环境下，延迟小于 10 毫秒。此外，顺网科技在边缘基础设施、云游戏内容管理、串流技术等方面都拥有较强的技术，并且愿意与行业其他企业共享，共同加速开拓云游戏市场，布局元宇宙。

顺网科技依托优势的网吧资源，组成分布广泛的边缘算力池，构成了云游戏发展的护城河。完善的算力基础设施，进一步打破了元宇宙壁垒，为元宇宙提供了算力基础，并且降低了用户设备门槛，提升元宇宙的可进入性。

综观国内外市场，元宇宙赛道争夺战已逐渐进入白热化阶段，布局云游戏的重要性也日益凸显，甚至有人认为一旦错失布局云游戏的先机，就会在元宇宙的赛道上落后。可见，推动云游戏基础设施建设，成为元宇宙筑基之人，对企业布局元宇宙至关重要。

第 6 章

元宇宙社交：开启社交新时代

> 从面对面交谈到书信，社交跨越了时间的距离；从电报到电话，人们实现了实时社交；从文字到音视频，社交逐步向更高效、实时、沉浸的方向发展。
>
> 元宇宙是社交的远景。元宇宙会进一步拉近人与人的距离，哪怕是相隔千里、素未谋面的陌生人，我们也可以通过视觉、感觉、听觉等感官的交流与之迅速熟悉，甚至与在现实世界面对面交谈无异。因此，元宇宙会促进社交的快速发展，开启社交新时代。

6.1 虚拟社交提供沉浸式新玩法

虚拟社交主要指人们通过信息技术完成人际交流与传播。不同于传统实体社交，虚拟社交更加广泛、安全、私密、便捷，可以为一些社交能力弱但渴望交友的年轻人提供一个平台。

虚拟社交突破了时空限制，扩大了交友范围，而且随着 AR/VR 等技术的发展，虚拟社交拥有了更真实的沉浸感，互动优势更加明显，催生出了许多新玩法。

6.1.1 "人设"文化是虚拟社交的核心

如今，全国 1995—2009 后群体已接近 3 亿人。他们被称为 Z 世代，是移动互联网时代的消费主体。Z 世代成长于物质富足的年代，却又处于持续的孤独和焦虑中。基于这些原因，Z 世代更热衷于虚拟社交，并且社交需求和消费习惯较 70 后、80 后有了很大的变化。

1. "人设"文化是虚拟社交的核心

Z 世代非常热衷于角色扮演式社交，如"语 C"（语言 Cosplay）、Pia 戏（声音扮演）等。他们喜欢经营虚拟人设，以此来脱离平淡乏味的现实生活，满足内心的需求。虚拟人设能在社交过程中释放压力，并且回应用户内心的真实声音。因为互动场景是虚构的，Z 世代在现实世界中无处安放的想法和表达欲，可以很容易地在虚拟世界中得到满足。据调查显示：81%的 Z 世代认为网友不一定要见面，甚至根本不想见面。对他们来说，虚拟社交营造的空间是一个独立的小世界。在这个世界中，自己有特定的身份和朋友圈，如果线下见面，那么辛苦打造的虚拟人设也就不复存在了。

2. 需要虚拟"陪伴"，并为此付费

Z 世代们多为独生子女，成长环境中缺少同龄人、亲属的陪伴，巨大的学习压力也限制了他们的现实社交，虚拟社交因此成了最好的解压途径。2017 年以来，付费陪伴类 App 增长势头明显，其中语音连麦、游戏陪练、"语 C"陪玩等业务都颇受欢迎，虽然其中头部应用较少，但以头部应用快速的发展趋势，头部应用爆火也只是时间问题。

6.1.2 打破时间和空间限制,更加自由

你是否设想过未来社交也许是相隔千里却依然能促膝长谈。在所有的社交方式中,只有见面,才能获得最大信息量和最优效率的沟通结果。美国学者雷蒙德·罗斯曾在研究中指出,在一场交流中,35%的信息通过语言传播,65%的信息则通过肢体、表情等非语言信号传播。

目前,市面上的线上社交软件的发展历程也佐证了这一点。以微信为例,初代微信只能发送文字和图片,用户活跃度不高,而在它发布了语音功能及表情包功能后,用户规模才实现了增长。

在聊天时,文字虽能传递信息,但表述不当就容易产生误解,而语音和表情包的出现则弥补了这个问题,它们可以进一步表达情绪,让屏幕对面的人感受到自己的喜怒哀乐,从而更准确地了解自己的意图。

很显然,随着技术的进步,元宇宙社交会进一步打破时间和空间的限制,让社交更自由,甚至能让相隔千里的人在虚拟世界面对面交流。

美国一款名为 Arthur 的 VR 协作应用,能容纳 50 多名用户同时在线,并拥有唇语同步功能,用户在与他人交谈时甚至能看到对方的唇部动作。这款应用可以帮助公司召开大规模内部会议,企业员工可以获得非常真实的会议感受,如图 6-1 所示。此外,Arthur 还可实时提供远程培训,让世界各地的人员彼此协作,极大地简化了公司内部的团队协作方式。

图 6-1 使用 Arthur 开会

实时 3D 虚拟社交是互联网社交的未来，而新冠肺炎病毒疫情加快了这一天的到来。虚拟现实社交环境、远程协作等将成为未来常见的社交方式。

6.2 元宇宙成为社交产品发展新方向

随着 5G 时代的到来，元宇宙成为社交产品发展新方向。它将线上与线下社交的优点进行整合，用 XR 等技术搭建一个全息虚拟现实平台，让用户不再只能通过语音、文字、图片、视频进行交流，还可以身临其境地进行社交。

6.2.1 VR Chat 以沉浸式社交收获海量用户

VR Chat 是 Steam 平台的 VR 社交应用，目前 VR Chat 的用户总数超过 200 万人，每天约有 10 000 人在线，峰值在线人数超过 20 000 人。VR Chat 有何特别之处？

1. 聊天

和市面上的社交工具不同，VR 社交对聊天软件的要求很高。VR 的主要特点是沉浸，VR Chat 为了让用户获得沉浸的社交体验，有 3D 环绕音效，让用户通过声源就能辨别出自己的聊天对象。VR Chat 还为用户提供了虚拟形象，以满足其对身份感的需求。此外，面部表情、肢体动作等这些在现实世界交流时需要用到的元素，VR Chat 也将其一一实现，从而让用户能感受到聊天对象的情绪，实现更身临其境的交流，如图 6-2 所示。

2. 娱乐

娱乐是社交产品的一个重要属性。VR Chat 中有各式各样的小游戏，帮助用户互动。对于内向的人来说，和别人一起玩游戏是拉近彼此距离的一个非常好的方式。

图 6-2　VR Chat 聊天室

除了游戏，VR Chat 还可以让好友一起在虚拟世界中观影；身处异地的情侣可以借助 VR Chat，进行一场浪漫的约会。

3. 创造

VR Chat 为用户提供了基于 Unity 引擎的 SDK（软件开发工具包），用户可以用 SDK 打造 VR Chat 中的游戏角色、场景、特效。这个功能可以有效吸引用户，并且为平台创造更多价值。

4. 分享

在 VR Chat 中，用户可以分享自己在游戏中的收获、截图等，从而满足情感表达的需要。

6.2.2　Horizon Worlds：Meta 发力 VR 社交的核心应用

2021 年，Meta 的社交 VR 项目 Horizon Worlds 公测。虽然改过名字，但 Horizon Worlds 的愿景没有改变，依然是打造一个社交虚拟现实平台，让用户可以在其中交互。

作为一个独立应用程序，它不能算是 Meta 构建的元宇宙的一部分，但它是 Meta 基于元宇宙概念研发的第一个大项目。例如，用户在沉浸式的虚拟空间中拥有一个身份，可以和朋友共度时光。

Horizon Worlds 目前向美国和加拿大 18 岁及以上的用户开放，允许用户在其中自由创建和探索自己喜欢的一切。

用户可以在 Horizon Worlds 中加入派对，一边聊天，一边结识新朋友。同时，用户还可以在导航菜单中搜索发布的世界，然后去全新的空间探索冒险。

此外，Horizon Worlds 还希望通过社交世界构建工具为创作者营造友好的创作环境。关于开发工具的设计，Horizon Worlds 一直根据创作者的反馈进行改进。为了进一步支持创作者，Horizon Worlds 启动了一个 1 000 万美元的创作者基金，用于激励创作者。

以下是官方推荐的 Horizon Worlds 探索指南。

1. 创造一个属于自己的世界

Horizon Worlds 允许用户自由构建属于自己的虚拟世界，并提供配套的模板和工具。用户可以选择独自一人或与朋友合作，将自己的奇思妙想带到 Horizon Worlds。

2. 畅玩 World Hop

World Hop 是一组随机的迷你小游戏，允许 2~4 名玩家一起游戏，界面如图 6-3 所示。在比赛结束后，用户还能前往奖杯室，查看自己的最终得分和排名。

3. ARENA CLASH

ARENA CLASH 是 Horizon Worlds 中一个 3D 激光射击小游戏，用户可以在其中进行多人激光枪战，游戏界面如图 6-4 所示。用户需要与队友沟通，掌握地图，找到合适的武器，一起战斗，击败对手。

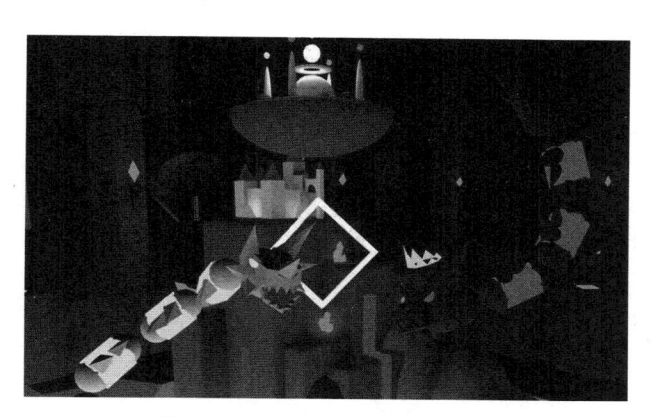

图 6-3　World Hop 小游戏界面

图 6-4　ARENA CLASH 游戏界面

4. 探索社区构建的成千上万个世界

在 Horizon Worlds 中，你也可以成为一名探索者，游览其他用户构建的成千上万个世界。随着平台规模的扩大，用户甚至可以进行无穷无尽的探索。

6.2.3　虹宇宙：重新定义红人的社交资产

2021 年 11 月，我国领先的红人新经济平台天下秀官宣了国内首个基于区块链技术的 3D 虚拟社交平台"Honnverse 虹宇宙"，界面如图 6-5 所示。其创

引爆元宇宙

始人李檬在公开信中表示，虹宇宙作为通往下一代互联网的门票，会构建一种全新的连接用户、创作者和品牌的内容创作新生态。

图6-5 Honnverse 虹宇宙界面

作为我国首个基于区块链的 3D 虚拟社交平台，虹宇宙以 Z 时代的 3D 虚拟星球为背景，通过构建虚拟身份、虚拟空间、虚拟道具等，联合全球社交红人，打造出一个沉浸式的泛娱乐虚拟生活社区。

不同于游戏产品，虹宇宙打通了虚拟和现实的桥梁，让虚拟世界变成平行宇宙。在虹宇宙，用户可以自行构建场景，例如，自定义自己的 3D 虚拟形象、自定义虚拟房屋的装修、通过开放内容平台和工具进行创作等，打造独特的虚拟社交生活。

同时，在构建虚拟场景的过程中，虹宇宙利用去中心化的共识机制解决信任问题，丰富了虚拟社交的宽度、广度，从而使全新的商业形式、社交红人落地，开启去中心化红人经济模式。通过虹宇宙为粉丝构建沉浸式互动场景，使红人、品牌、虚拟形象等元素打破时空的限制，出现许多 IP 联动的新玩法，既与粉丝拉近了距离，又促使虹宇宙成为未来虚拟社交世界的流量新地标。

此外，虹宇宙依托区块链的公开透明性，以及具有自动化、可编程、可验证等特性的智能合约，保护创作者社交资产的版权，并基于此推出了数字藏品展示、IP 衍生品发布等创新玩法，给予用户全新的社交体验。

第 6 章
元宇宙社交：开启社交新时代

未来智库曾在研究报告中这样描述元宇宙：沉浸感、参与度都达到顶峰的元宇宙，或许是互联网的终极形态。虹宇宙通过区块链技术创新应用，搭建全新的内容创作新生态，不仅实现了沉浸式虚拟社交体验，还构建出体验式社交消费场景，使用户不会在游戏中成为提线木偶，而是真正参与并创造虚拟世界。这样的突破式虚拟社交创新，打开了元宇宙的更多想象空间。

6.3 未来趋势：沉浸式社交场景不断丰富

随着元宇宙社交的发展，未来的社交场景会更具沉浸感，用户参与度也会更高。例如，游戏、购物、展会等场景，用户皆能在虚拟世界中身临其境地体验。

6.3.1 社交+游戏：如何构建游戏社交场景

社交由3个重要的元素组成，即社交对象、社交环境、社交内容。社交对象决定了社交的关键内容、主体，是社交内容的产生者，是社交环境的决定者。社交环境是影响社交的第二大因素，在不同环境中，人的行为举止就会不一样。社交环境是社交仪式感的来源，越是仪式感强的社交环境，对人的约束力越大，对社交对象、社交内容的要求更高。

但当社交转移到线上时，这几个因素就会发生变化。在虚拟世界，我们难以获取社交对象更多的信息，导致关系难以轻易建立。社交场景转为虚拟场景，减少了现实世界对人的约束，让行为更加自由。传达信息由表情、肢体语言等形式变为文字、语音、图片等形式，虽然会丢失部分信息，但也减少了负担，使表达更加直接。此外，信息传达方式的变化，在一定程度上催生了新的语言形式，让其成为区分某一群体的标志。

同样，游戏中的社交也要满足这3个因素，那么，如何以这3个因素为依托，构建游戏社交场景呢？

1. 社交内容

游戏社交的内容极度聚焦，很少脱离游戏内容。例如，在《王者荣耀》中讨论战绩，在《绝地求生》中讨论武器装备等。但是，并不是所有内容都可以成为社交内容，只有具有分享、共情、争议3个特点的内容，才能作为社交内容。而社交内容的多寡，决定了游戏社交的黏性。

（1）分享指的是单方面向外传播一个信息，如游戏获胜、游戏里新角色等。并不是所有行为都值得分享，例如，所有玩家每天必做的日常任务，就没有分享的意义。分享的内容一定要吸引眼球，要么知道的人不多，要么人无我有。

（2）共情指的是在分享的基础上，有互动目的的内容，如参加游戏活动，组队打游戏等。例如，玩家分享了某角色的技能装备，获得其他玩家点赞，这就是良性互动。游戏是一个目的明确的社交载体，丰富的内容可以驱动社交。

（3）争议指的是玩家之间对游戏内容的讨论。游戏内容很多，需要玩家探索。在这个过程中，不同玩家对同一内容产生不同的理解，就会产生争议。正面的可争议内容，是社交的利器。

2. 社交对象

相比其他虚拟世界中的社交身份模糊化，游戏玩家通常有另一种身份，即游戏角色。这个身份可以帮助玩家建立初步的身份信息，例如，《王者荣耀》中，玩家常用的英雄、胜率等本在后台的数据，被提到了前台，成为一种身份信息。丰富的身份信息，非常有利于社交。此外，如果我们用微信等社交账号登录游戏，可以引入其他平台的社交关系链，快速构建身份信息。

3. 社交场景

游戏的社交场景的定位一般都是辅助游戏，例如，玩家找人组队就是一个社交场景。这样的定位，虽然便捷，但丢失了仪式感。重塑仪式感，在于信息分级，并不是所有信息都是玩家关心的内容，例如，世界频道的信息就应该比私人信息的分级低，私人信息应该有更特殊的表现形式，以此来塑造仪式感。

随着游戏内容的不断发展，沉浸度逐渐提高，游戏社交的沉浸感也会进一步提升。未来，玩家们将会面对面一起打怪升级，探索游戏内容，在奇幻的游戏世界冒险。

6.3.2 社交+购物：元宇宙社交实现购物场景化

早在十几年前，美国就出现了一个虚拟现实的游戏：第二人生。玩家可以在游戏中像现实世界一样生活，如吃饭、跳舞、购物等，世界各地的玩家可以在其中相互交流。如今，元宇宙的出现或许可以对这个游戏做进一步延伸，构建一个虚实融合的购物场景，让玩家身临其境地在完美复原的街道上游览、购物。

元宇宙一号城是率先进入"元宇宙"的商业地产项目。以虚拟数字人的视角，持续输出内容与用户互动，穿搭推荐、拍照打卡等场景应有尽有。此外，元宇宙一号城的线上商城还建立了潮流数字推荐官同款专区，尝试开发数字商品，构建会员虚拟身份，为消费者及品牌提供全新的数字化体验。

元宇宙一号城围绕基础场景、业务场景、数字场景三大场景进行创新，应用 BIM 和 3D 点云扫描技术构建出元宇宙一号城的数字孪生体，与现实世界的购物中心相呼应。此外，元宇宙一号城利用数字化运营管理平台，实现虚拟与现实之间的互动，让消费场景智慧化、运维服务智能化、资产管理数字化。

在元宇宙一号城中，消费者能得到更多的沉浸式体验，例如，利用全息影像、VR、AR、人工智能、5G 等技术，打造出的沉浸式剧场、VR 电竞、游戏体验中心等。消费者在这里不仅可以娱乐购物，还可以进入虚拟动物园，与恐龙互动。

虽然目前元宇宙还处于初级阶段，但随着技术的成熟，元宇宙也许是各大领域破局的关键。不仅是消费场景，未来还会有更多场景被融入丰富的虚拟体验，让社交更有趣。

6.3.3　社交+展会：沉浸式展会拉近人与艺术的距离

沉浸式展览作为艺术展览中最吸睛的形式，它拥有华丽的展出效果和全方位的感官体验，颇受年轻人欢迎，一度风靡各大社交平台。

2010 年，尤伦斯当代艺术中心举办沉浸式展览《感觉即真实》，用灯光和雾气创造出一个人工光谱空间，让观众仿佛置身幻境；2013 年，日本艺术家草间弥生的《我有一个梦》亚洲巡展，在一间封闭房间里，用镜子反射红白波点，让观众在空间中瞬间迷失方向；2015 年，英国艺术团体兰登国际的《雨屋》，在天花板上安装体感器，观众所到之处便会下大雨；2016 年，国惠特尼美术馆举办的"梦境"沉浸式电影和艺术专题展，利用声、光、电、艺术的完美结合，为观众创造丰富体验。

如今的艺术已经不再拘泥于传统的表现方式，作品从平面走向空间。在传统审美观念中，观众和作品的关系是"静观"，存在空间和心理上的距离。但当代艺术强调主体与对象相互渗透，主体对客体全方位的包围、置入。

随着元宇宙的发展，沉浸式展览会融入科技元素，体验感会进一步加强。例如，2015 年，上海开展的《不朽的梵高》画展，运用最新的 SENSORY4 感映技术，让观众可以看清梵高作品的每个细节，展出效果十分震撼。未来，也许我们能借助科技手段进一步走进艺术，与艺术家对话。

第 7 章

元宇宙办公：开启职场新世界

> 在后疫情时代，人们的日常出行受到限制，远程交互技术和产品得到发展，能够帮助人们突破物理的限制。元宇宙概念的火热不仅满足了人们对于未来生活的想象，也折射出了人们想要改变现状的需求。而在游戏与社交这两大主战场之外，元宇宙这把火也烧到了办公领域，正在逐步改变企业的办公模式和人们的办公体验。

7.1 办公新模式：虚拟会议+虚拟办公场地

元宇宙在办公领域的应用将开启办公新模式，能够为人们提供一个虚拟形象和虚拟办公场地，带给人们沉浸式的办公体验。同时，在元宇宙办公环境中，人们能够获得真实的临场感，能很大程度上避免现实因素的干扰，提高工作效率。

7.1.1 "虚拟化"成为未来办公的新趋势

自2020年初新型冠状病毒疫情爆发以来，企业纷纷将办公形式由公司办公转变为居家办公，基于交流工作的需要，远程会议软件在这种形势下迎来新的发展机遇。以会议软件Zoom为例，其在抗击新型冠状病毒疫情期间获得了令人瞩目的发展。2020年2月至2021年1月，Zoom年收入增长326%，达到27亿美元，净利润也从前一年的2 200万美元增长至6.72亿美元。

此外，钉钉、腾讯会议等办公软件自抗击新型冠状病毒疫情以来也获得了长足发展，用户数量不断增多。钉钉官方数据显示，2020年3月，钉钉用户数量达到3亿人，截至2021年10月，钉钉用户数量突破5亿人，在短时间内实现了用户数量的激增。

虽然远程会议软件在现实需要的推动下获得了发展，但远程会议缺失了现实会议中的临场感和沉浸感，会议效果与现实会议仍有差距。例如，远程会议会降低参会者的创新性。在现实会议中，所有参会者能够聚在一起进行头脑风暴，高效地分享自己的创意。而在远程会议中，参会者缺少参加会议的沉浸感，难以专注于眼前的议题，也较难提出好的创意。

在此背景下，办公中虚拟现实的需求随之产生，以便使虚拟会议更加贴近现实。以虚拟形象在虚拟空间中讲话和对着手机讲话的效果是大不一样的，当人在说话的时候，头部的动作、手势等都在传递信息，而虚拟形象能够尽可能地还原人们现实中的动作、手势。在更高工作效率、更好工作体验的诉求下，线上办公软件也需要进行升级。

而元宇宙概念的流行让人们看到了线上办公的另一种可能。借助VR设备，人们可以得到一个虚拟形象，进入一个虚拟空间自由地进行交互，在拟真的环境中得到真实的办公体验。基于这一愿景，一些企业进行了元宇宙办公方面的尝试，为人们提供一种虚拟现实的沉浸式办公体验。

第7章
元宇宙办公：开启职场新世界

2021年12月，百度发布了元宇宙产品"希壤"，该产品打造了一个融合虚拟和现实、实现多人互动的空间。希壤中不仅有林林总总的城市景观，有落叶林、湖泊等自然景观，甚至还有虚拟的少林寺、三星堆等，并且人们可以自由在其中探索，其界面如图7-1所示。

图7-1 希壤中的三星堆界面

希壤在视觉、听觉、交互等方面都实现了技术上的突破。用户登录希壤后，可以创建一个专属的虚拟形象，并以该形象自由地逛街、交流、参观展会等。同时，借助VR设备和可穿戴设备，用户能够更真实地"进入"到这个虚拟世界中，体验沉浸式的听、视觉效果，还可以和不同用户开麦交流。

同时，在上线希壤后，百度将Create 2021大会复制到了希壤的虚拟世界中。用户可以根据虚拟世界中的指示标志找到大会的会场，并进入虚拟会场，此会场可容纳10万人，会场如图7-2所示。

对于此次虚拟会议，百度副总裁马杰表示："当你进入会场后，会有跟10万人坐在一起的身临其境感，虽然你的邻座形象稍有些呆板，但是那种临场感很真实，你也能听到邻座的吐槽。"由此可见，用户能够在其中获得更具沉浸感的参会体验。

图 7-2　百度 Create 2021 大会会场

百度在虚拟办公方面的尝试体现了办公模式的变化。未来，在元宇宙的不断发展中，将有更多跨越虚拟和现实的办公场景出现，虚拟化也将成为未来办公的发展趋势。或许有一天，人们戴上 VR 眼镜就可以进入虚拟的公司，在其中更高效地完成会议沟通、协作办公、会见客户、签订合同等工作。

7.1.2　活动虚拟化，将企业活动复刻到虚拟世界

对于企业而言，在元宇宙的虚拟世界中举办虚拟会议能够打破地域限制，更好地实现身处异地的员工间的工作协同。而虚拟办公不仅能够实现员工的线上协同，还能够将整个企业的生产活动转移到虚拟世界中。

国外的一家税务管理公司 Avalara 曾创建了一座由零售、制造、通信等 18 个不同社区组成的虚拟城市（如图 7-3 所示），并在其中进行了一系列的企业生产活动。每个社区都有独特的外观、颜色和活动，进入这个虚拟城市的人可以观看不同主题的演讲、了解不同专家的观点、和其他人实时聊天、下载演讲文档等。同时，人们可以通过主菜单快速导航到不同的社区，参加不同的活动。

整场活动包括 25 场主题演讲和 100 多个不同的小活动，能够为人们提供丰富的内容体验。虚拟城市中还举办了一场虚拟演唱会，给人们增添了趣味性。最终，这场虚拟活动为主办方吸引了来自世界各地的数千名客户和合作伙伴。

第 7 章
元宇宙办公：开启职场新世界

图 7-3　虚拟城市

疫情之下，许多大型线下活动纷纷取消，为弥补这份遗憾，线上虚拟活动成了企业的首选。2020 年北美国际车展被取消后，主办方推出了一个 3D 虚拟车展，成功将车展从线下复刻到了虚拟世界中。

此次虚拟车展展示了 36 辆汽车，并仔细标注了汽车的年份、型号、特征等。在虚拟车展中，人们可以以虚拟化身多角度浏览汽车的外观、内饰等细节（如图 7-4 所示），也可以"坐"在汽车中启动汽车，听发动机的声音，甚至可以打开收音机收听歌曲。

图 7-4　虚拟汽车内部

以上这些实践都展示了企业活动的更多可能性。严肃、枯燥的演讲怎样才能发人深省？新冠肺炎疫情之下，被取消的线下活动如何举办？线上虚拟化的活动能够为企业提供可行的解决方案。同时，随着元宇宙的发展，虚拟世界不仅能够实现线下场景的复刻，还能够创造出现实世界不可能实现的、光怪陆离的场景。这能够带给人们更丰富的活动体验，同时提升活动的效果。

7.1.3 打破空间次元壁，多种办公场景实现复刻

当前，随着虚拟现实技术的发展，不仅单一的会议场景或企业活动能够在虚拟世界中体现，甚至企业的整个办公场景都可以在虚拟世界中实现复刻。未来，越来越多的企业将放弃真实的办公场地，将整个公司迁移到虚拟世界中，创建虚拟公司。这意味着，未来的办公室将不存在于真实的办公场地中，取而代之的是员工可以随时进入的虚拟办公室。

这听起来似乎不太现实，但当前已经有一些企业进行了这方面的尝试。云楼 SOHO 作为一栋集合多种先进技术的云写字楼，能够让规模化的虚拟办公成为现实。凭借自主研发的 3D/VR 引擎，云楼 SOHO 建造出了虚拟和现实高度融合的云写字楼。

一方面，云楼 SOHO 能够实现线下真实公司的全场景复刻，实现更真实的云上办公。云楼 SOHO 中有不同的功能分区，如开放办公区、会议室、茶歇间、前台等待区（如图 7-5 所示）等。同时，虚拟的办公场景也复刻了现实公司场景中的种种细节，如公司大厅摆放的绿植、墙上的多媒体屏幕、落地窗外的风景等。这些都能够带给人们一种真实的办公体验。

另一方面，在不同的公司场景中，人们可以自由地和同事沟通。除了和同事进行语音、视频电话、文字沟通，人们还可以直接走到同事面前，进行"面对面"沟通。这种"面对面"沟通也十分有利于管理者对员工的管理。在传统居家办公模式下，往往会存在工作拖延、效率低下的问题，而在云楼 SOHO 中，

管理者可以走进部门办公室，询问员工的工作进度，并点击查看其工作文件等，提高管理效率。云楼 SOHO 不仅能够实现线下办公场景的复刻，还将线下的办公业务逻辑复刻到了线上。

图 7-5　前台等待区

云楼 SOHO 最大的特点是低成本、高效率，它相较于传统办公模式有更多的优势。对企业而言，云楼 SOHO 可以帮助企业节省场地成本、管理成本，同时能够实现企业跨区域人才招募，提高企业的竞争力；对员工而言，虚拟办公环境能够帮助员工节省大量通勤时间，使员工更好地平衡生活与工作，减轻员工的工作压力，也有利于员工更高效地投入工作。

这种新型的办公模式不仅打破了地域限制，有利于企业降本增效，更体现了办公模式的变革。传统办公模式是通过真实的办公场地把人与人、人与物联系在一起，实现协同，而云楼 SOHO 是通过虚拟空间连接人与人、人与物，实现更高效的协同。这使得办公更智能、更灵活化。

未来，将有越来越多的企业探索虚拟办公的新方式，推动现实世界向虚拟世界的复刻。在现实办公场景逐渐向虚拟世界复刻的过程中，企业招聘、日常办公、商业谈判、企业展会等多种办公场景都可以有更多的呈现形式，企业也终将会实现智能协同办公。

7.2 多样产品描绘办公新形态

在元宇宙概念的激发下，提升办公软件的虚拟化水平成为会议软件服务商的重要战略。在全球市场上，HTC、Meta 和微软等科技巨头纷纷进行了会议软件服务的新尝试，提供了多样的虚拟化办公产品。

7.2.1 VIVE Events：HTC 面向企业推出虚拟会议服务

在虚拟办公领域，HTC 早就开始了布局。2020 年 3 月，HTC 通过虚拟社交平台 Engage 召开了以"零界·未来"为主题的 VIVE 虚拟生态大会。该会议以完全虚拟的交互形式举行，来自 50 多个国家的一千多名观众参加了此次会议，他们和相关行业的专家、合作伙伴以虚拟形象相聚于虚拟空间，获得了一次打破时间和空间限制的 VR 沉浸式体验。

这次尝试之后，2020 年 4 月，HTC 针对大型会议活动推出了 VIVE Events 项目。它颠覆了传统的大型会议模式，依托 VR 技术打造在线虚拟现实活动解决方案。作为一种全新的会议形式，VIVE Events 能够让参会者以虚拟形象面对面交流，实现灵活的实时交互，使会议不受空间限制。VIVE Events 支持多种设备接入，能够打破线下活动的诸多限制，节省活动成本。此外，VIVE Events 还能根据企业需求，进行场景、主题和兼容人数等方面的定制，提供个性化的虚拟会议解决方案。

随着后疫情时代的到来，人们的很多生活方式将被改变。线下社交活动及公司办公的工作模式受到了种种限制，人们的线下会面的需求也被遏制，但人具有社会性，需要与他人互动，从中汲取能量并提高生产力。而 HTC 所推出的

VIVE Events 虚拟会议解决方案能够利用 VR 技术优势，将人们聚集于虚拟空间，使人们更自由地投入会议及其他工作活动中。

7.2.2　Horizon Workrooms：新的元宇宙办公场所

2021 年 10 月，一种十分科幻的远程办公场景"全息虚拟会议"出现在扎克伯格的演讲中。用户戴上 VR 头显，眼前就会出现全息投影的会议室、产品模型等，其他参会者也会以三维形象出现在自己身边。

相比于当前普通的视频会议，全息虚拟会议能够带给参会者更自然的会议体验。例如，在视频会议中，参会者主要通过语言，很少通过手势来表达自己，话题转换也更正式。但是在全息虚拟会议中，参会者可以得到一个灵活的虚拟化身，在虚拟空间中自由移动，和观众进行手势和动作交流等，更贴近现实中的自由交流。

扎克伯格在演讲中推广的这款全息虚拟会议软件名为 Horizon Workrooms。用户戴上 Meta 旗下的 VR 头显设备 Oculus Quest 2 就可以进入工作界面，通过"捏脸"的方式创建出和自己容貌十分相似的虚拟卡通人物形象，使虚拟的三维形象代替自己出现在会议中，如图 7-6 所示。

图 7-6　Horizon Workrooms 中的虚拟形象

Horizon Workrooms 在技术应用和产品设计方面十分用心，推出了诸多实用的产品功能，以加深用户的沉浸体验。

（1）手势追踪：Horizon Workrooms 中能够实现实时的手势追踪，展示用户的手臂动作和手势，以弥补线上沟通过程中肢体语言的缺失。

（2）空间音频：Horizon Workrooms 能够模拟现实世界中不同方位的声音效果，借助对大脑活动实时响应的空间音频技术，加强虚拟环境中的空间感。

（3）空间定位：Horizon Workrooms 能够根据用户划定的区域范围，将虚拟桌面、虚拟白板等固定在现实空间中的指定位置。

（4）键盘追踪：Horizon Workrooms 能够将键盘这一现实中的重要输入设备映射到虚拟空间中，为用户的会议记录提供便利。

（5）翻转控制器充当激光笔：激光笔是虚拟会议中的另一个重要输入设备。用户可以将手中的 Oculus 控制器翻转过来，变成 VR 激光笔，可以用其在虚拟白板中写字，做标记。

在会议沟通中，VR 的价值体现在提供一个虚拟的会议空间，通过模拟现实和传递物理信息，消除距离对沟通的影响，从而提供更多的沉浸感和真实感。而 Horizon Workrooms 尽可能真实地模拟了会议沟通中的各种物理特性，使得虚拟会议更加接近现实。

7.2.3　微软聚焦"Mesh+Teams"元宇宙混合办公产品

2021 年 11 月，随着微软年度技术大会 Ignite 2021 的开幕，元宇宙、人工智能、混合办公等创新技术迎来了一波新热潮。在会上，微软宣布了 90 多项新服务，其中就包括对元宇宙的探索。

在微软看来，元宇宙能够构建一个和现实世界连接的数字世界，能够让现实世界中的人、物、场景等和数字世界共享信息。例如，在企业数字化转型过程中，元宇宙能够使人们相聚于数字世界中，借助虚拟化身和更有创意的协作方式，更加自如地交流沟通。

基于对元宇宙的设想，在此次大会上，微软宣布将推出新的 Mesh for Microsoft Teams 软件。Mesh for Microsoft Teams 融合了 Mesh 的混合现实功能，允许身处各地的用户通过视频会议工具 Teams 进行协作，共享全息体验，处理共享文档等。

Mesh for Microsoft Teams 能够提供一种沉浸式办公体验。企业可以在该平台上搭建一个沉浸式办公空间，同时用户也可以自定义一个虚拟化身，以虚拟化身在虚拟空间中开会，如图 7-7 所示。

图 7-7　Mesh for Microsoft Teams 中的虚拟化身

从实用性的角度来看，Mesh for Microsoft Teams 能够为用户提供许多便利。例如，在视频会议中，用户既可以以真实形象出镜，也可以以虚拟化身出镜。一些参会者可能不方便真人出镜，这时就可以用虚拟化身参加会议，同样可以获得参会的临场感，而不同形象的参会者之间可以自由沟通交流。在会议中，当系统检测到参会者讲话时，就会为其虚拟化身匹配嘴部动作及面部表情，提高参会者的临场感。

7.3 未来趋势：元宇宙办公应用爆发

当前，在元宇宙办公领域，诸多科技巨头已经纷纷入场，综观其产品，或是聚焦企业需求，提供企业级的元宇宙办公服务；或是聚焦用户需求，为用户提供更好的元宇宙办公体验。未来，元宇宙办公产品会继续沿着"TO B+TO C"的方向发展，产生更多个性化的元宇宙办公产品。

7.3.1 TO B 端：企业级办公服务实现灵活定制

加拿大活动管理、制作和娱乐机构 BIG HQ 曾为科技公司 1Password 设计了一场为期 3 天的虚拟会议。在此期间，参会者不仅可以获得拟真实的会议体验，还能够以个性化的虚拟化身乘邮轮前往夏威夷、阿拉斯加和洛杉矶。

为了让虚拟邮轮给参会者带来更多元的数字体验，BIG HQ 根据 1Password 的需求制定了个性化的会议内容，包括交互式团队建设活动、照相亭集成、教育分组会议等。同时，参会者可以进入虚拟分组讨论室，和同事们进行产品、财务、营销等方面的讨论。精心的产品塑造、邮轮场景塑造、拟真的虚拟形象等，都为虚拟空间增添了现实元素，如图 7-8 所示。

图 7-8 虚拟邮轮场景

以上大型虚拟会议活动需要个性化的虚拟方案的支持，而这正体现了元宇宙办公应用的一种发展趋势：未来，将会有更多的企业关注企业级的大型会议活动，根据企业需求提供个性化的虚拟会议解决方案。

事实上，当前定制化的企业级办公服务已经初露端倪。Meta 在介绍其元宇宙办公应用 Horizon Workrooms 时，曾表示其中的虚拟会议室将在未来实现定制化，企业可以在虚拟会议室中加入企业的商标、海报等。同时，Meta 与拥有超过 50 万企业级客户的 Zoom 达成了合作，Zoom 用户可以接入 Horizon Workrooms 的虚拟会议室，在虚拟场景中召开会议。此外，Zoom 推出的演示桌面 Whiteboard 也可以接入虚拟会议，以便参会者在屏幕上进行文稿演示。

未来，随着虚拟现实技术的发展，可定制化的企业级办公服务方案会越来越多，会议场景、兼容人数等都可以根据企业需求实现定制化。除了商业气息浓厚的虚拟办公场景外，企业办公活动甚至可以迁移到游戏中，提升办公的轻松度和用户的体验感。

此外，沉浸式的元宇宙会议方案能够为方案服务商提供巨大的商业想象空间。可定制化的元宇宙会议方案能够实现不同风格、不同场景的线上活动定制，除了大型商务会议外，还可以应用于教育、文旅等多种场景，在多领域实现落地。

7.3.2　TO C 端：消费级虚拟办公服务覆盖更多用户

除了承接各种大型会议、企业级办公服务应用外，面向用户的消费级虚拟办公服务也会蓬勃发展，为更多用户提供元宇宙办公体验。

元宇宙办公场景的实现离不开移动和协同两大要素。一方面，用户需要能够随时随地进入元宇宙办公场景；另一方面，元宇宙办公场景需要赋予用户协同交互的能力，便于用户更好地开展工作。

而云桌面能够实现元宇宙办公场景必备的移动和协同。作为一种可靠的远

引爆元宇宙

程办公工具，云桌面支持用户随时随地登录，在各种终端设备之间灵活切换工作桌面。同时，云桌面在文档编辑、资料查询等方面，都能够实现办公协同。此外，相较于传统 PC 端办公数据保密性差、运维复杂等弊端，云桌面在数据安全性、维护等方面均具有显著优势。云桌面就像一张虚拟办公桌，将成为元宇宙办公场景的重要媒介。

随着元宇宙的发展，数以亿计的用户实现实时交流，大量虚拟形象和虚拟场景实时呈现，以形成高沉浸感的交互体验。从办公场景来看，高质量、低延时的立体画面和音、视频，能够更真实地还原现实工作场景，提高线上办公效率。云桌面作为办公场景的重要媒介，是走向元宇宙办公的必经之路。它能够以更高的协同交互能力，带来不输线下的办公体验。

当前，已经有一些企业推出了完善的云桌面解决方案。借助云桌面，用户可以摆脱电脑性能的限制，在云桌面中更流畅地进行 3D 建模、渲染计算等，能够实时和其他人交互。同时，所有工作数据存储在云端，项目从开始到交付都在一个封闭、安全的环境中进行，保证了工作的安全、高效。

除了云桌面外，Meta 推出的 VR 办公软件 Horizon Workrooms、英伟达推出的虚拟协作平台 Omniverse 等也向个人用户开放。用户借助这些平台可以将工作转移到虚拟空间，获得一种更具沉浸感的元宇宙办公体验。未来，随着技术的发展，将出现更多、更智能的元宇宙办公应用，同时，在技术普及下，这些应用的使用费用也将极大降低，从而能够被更多的用户接受。

可以想象，未来居家办公将成为趋势。用户在家中就可以借助虚拟形象进入不同的虚拟空间，进行 3D 设计、参加虚拟会议、和来自世界各地的客户进行谈判和沟通等。这在提高工作效率的同时也能够带给用户更好的工作体验。

第 8 章

元宇宙教育：打造智能教育新方案

> 在教育领域，元宇宙的数字场景和技术赋能，能够为学生打造一个全新的教学场景，提升学生学习过程中的参与感和沉浸感，提升学习效率。元宇宙在教育领域的应用，能够变革传统教育模式，开启全新的教育想象空间。

8.1 "虚拟老师+虚拟教学场景"创造教学新模式

元宇宙与教育的结合将变革当下的教育模式，为师生打造全新的教学体验。无论是在现实世界构建增强现实场景，还是将师生带入虚拟世界，元宇宙都能够为师生提供更具沉浸感的体验，甚至随着虚拟数字人技术的发展，AI虚拟数字人能够以虚拟老师的身份融入教学场景，智能辅导学生学习。

8.1.1 虚拟老师助力实现个性化教学

与当前的真人老师相对应，元宇宙中也会存在虚拟老师，参与教育的不同

引爆元宇宙

场景中。在课堂上，虚拟老师可以生动形象地为学生讲解专业知识；在课后，虚拟老师可以为学生提供个性化的学习辅导。

当前，虚拟老师在现实中已经有所应用。新西兰奥克兰的学校中就出现了一位虚拟老师 Will，给学生传授可再生能源学科的知识。在学习的过程中，学生可以和 Will 自然地互动，学习有关风力涡旋机、太阳能等可再生能源知识，Will 也会对学生的问题或肢体语言做出回应。很多学生表示，Will 给他们的感觉是"像一个真正的人类"。借助"人工神经系统"，Will 可以识别学生的情绪并做出反应，还可以识别学生对所学内容的理解程度，做出更合理的教学规划。在教学方面，Will 无疑是一名出色的老师。

教育领域存在的一种普遍共识是，相比当下的大班授课模式，由经验丰富的老师进行一对一个性化教学能够产生更好的教学效果。但由于教育资源匮乏，一对一授课模式难以进行大面积推广。而虚拟老师的出现则可以解决这个问题，可复制的虚拟老师可以一对一教授成千上万名学生，并且根据学生的学习情况进行个性化教学。

一方面，搭载 AI 系统的虚拟老师可以根据学生各科知识的掌握情况，智能设计科学、合理的教学方案；另一方面，在教学过程中，虚拟老师能够根据学生对教学内容的掌握情况随时调整教学进度，帮助学生更好地理解所学知识。例如，当虚拟老师通过情绪识别技术感知学生对当前知识点存在困惑时，就可以放慢讲课速度，或者将知识点再讲一遍，便于学生理解。此外，虚拟老师还能够定期检测学生对于知识的掌握情况，并据此完善教学方案。

综合来看，虚拟老师具有传统老师不可比拟的教学优势，能够实现更大范围的智能化、个性化教学。未来，虚拟老师将会代替真人老师完成更多的教学工作，而这也将加速教育领域迈向元宇宙的进程。

8.1.2 虚拟教学场景让教学内容更直观

元宇宙在教育领域的应用能够打造沉浸式的虚拟教学场景。老师可以借助全息投影更清晰明了地讲解知识，学生也可以在虚拟世界中借助灵活多样的交互方式进行沉浸式体验和创造。具体而言，元宇宙的教学场景如图 8-1 所示。

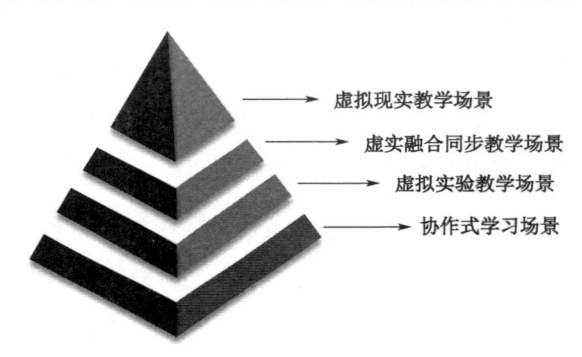

图 8-1 元宇宙的教学场景

1. 虚拟现实教学场景

虚拟现实教学指的是借助 VR 设备，身处不同城市甚至不同国家的学生和老师可以相聚于同一个虚拟教学场景中。在其中，师生可以通过虚拟形象互动，并在拟真的虚拟场景中实现更好的教学。

例如，如果老师需要向学生讲解唐代的历史，那么就可以和学生一起"穿越"到唐代，在拟真的唐代场景中感受唐代的风土人情、文化风貌。在游览的过程中，老师可以随周围环境的变化讲解唐代的官员制度、介绍美轮美奂的艺术品等。

再如，如果老师需要教授学生英语口语，那么就可以将学生带入一座虚拟的英国都市中。在其中，学生可以感受周围真实的对话环境，自由地和虚拟世界中的司机、店员等进行不同场景的对话，提升自己的英语水平。同时，在实际的对话场景中，老师也可以随时指出学生表述中的错误，帮助学生进步。

引爆元宇宙

在虚拟教学空间里,老师可以一对一或一对多地开展教学,也可以根据教学需要,组织学生自由探索学习。学生不仅可以以虚拟化身和老师、同学互动,也可以和虚拟世界中的智能 NPC 互动,获得更真实的学习体验。

2. 虚实融合同步教学场景

虚实融合指的是虚拟场景和现实场景的融合。在讲课过程中,老师经常会讲到不同物质的分子结构、不同建筑的内部构成等,对于这些讲解,如果只用语言进行描述,难免会显得晦涩难懂。而借助全息投影技术立体化地展示出物质的分子结构或建筑的内部构成后,老师就可以进行更细致地讲解。

以讲解建筑结构为例,借助全息生成的可视化建筑,老师不仅可以调整内外视角,全方位展示建筑内外设计特色,还可以拆解建筑结构,把每一处细微设计的功能和特色讲得更清楚。在更细致的讲解下,学生的学习效率也会得到提升。

3. 虚拟实验教学场景

在物理、化学等教学过程中,经常会涉及各种实验。很多实验都存在安全风险,一旦操作不规范,就可能会引发爆炸、失火等事故,威胁学生安全。同时,学生进行多次重复实验也会造成实验资料的浪费。而在虚拟实验教学场景中,学生可以在其中自由地进行多次实验,不会造成实验资源的浪费,也不存在安全风险。

4. 协作式学习场景

在现实中,协作式学习会受到人员、空间等因素限制。例如,医学专业的学生和其他学生或护士合作完成手术,能够提高彼此之间的默契程度和专业能力,但在现实中,医学专业的学生不能用病人做实验,也很难创造合适的手术室环境进行模拟。而元宇宙创造的虚拟仿真环境可以让医学专业的学生在拟真的手术环境中重复练习,提升自己的能力。

第8章
元宇宙教育：打造智能教育新方案

元宇宙所构建的形象可视化、可交互的虚拟场景弥补了现实教学的不足，为教学带来了更多可能。未来，在元宇宙教学场景中，教育将更具沉浸感和社交性，教学也将更加生动、有趣。

8.2 "AI+VR"展现元宇宙教育雏形

当前，在 AI、VR 等技术的支持下，一些企业已经进行了元宇宙教育方面的探索。其中，联想推出了沉浸式未来黑板 HoloBoard，而 MageVR 将学习场景带入虚拟世界。

8.2.1 联想：HoloBoard 敲开元宇宙教育大门

未来的元宇宙教育是怎样的？学生身处教室却能够遨游太空、登上珠穆朗玛峰远眺。这听起来十分梦幻，但并不是不可实现的。联想推出了一款能够连接虚拟和现实、带给用户沉浸式体验的未来黑板 HoloBoard。借助沉浸式投影、实时动作捕捉、增强现实渲染等先进技术，HoloBoard 可以实现教学场景中各种虚实结合的互动。

知名作家凯文·凯利在"数字孪生 镜像世界"的主题演讲中提到，镜像世界是一场大变革，现实中的一切都将在虚拟世界中有一个复制品。镜像世界就像是现实世界的一面镜子。而这一技术应用在教育领域时，成功开启了元宇宙教育的大门。

未来黑板 HoloBoard 借助镜像世界技术和全息技术，可以实现老师在虚拟空间的映射，同时结合沉浸式投影技术将其形象画面投射到 HoloBoard 未来黑板上。全息形象的老师不仅外表酷似真人，还能够自然地实现面对面的互动授课。例如，在天文学教学场景中，全息老师可以操作八大行星的三维模型，身处异地的学生可以进行实时学习。这样的授课模式打破了教学的地域限制，让更多地区的学生可以享受到优质的教育资源。

未来黑板 HoloBoard 不仅带来全息老师，还可以将学生带入虚拟世界。进入虚拟世界的学生可以化身为宇航员，在太空遨游。同时，全息老师和学生也可以在虚拟世界中互动，真实感受周围的环境。

此外，未来黑板 HoloBoard 具有三维建模功能，学生可以借此建立一个立体的原子世界。学生用手按压屏幕后，便可以出现一个根据按压深度形成的 3D 原子模型。同时在三维建模的过程中，借助弹性触觉反馈技术，学生会获得真实的触感，体验也更加真实。

总之，借助多种先进技术，未来黑板 HoloBoard 能够让课本里的知识点动起来，以立体的动态表达提高课堂的活力，激发学生的学习积极性和参与感。未来黑板 HoloBoard 构建了一种元宇宙教育的教学场景，让参与其中的师生获得了一种全新的教学和学习体验。

8.2.2　MageVR：将英语学习带入虚拟世界

对于很多学生来说，没有场景、没有陪练是学习英语口语的主要障碍，这使得学生无法在真实的语言环境中练习英语口语。而如果将学习场景转移到虚拟世界中，那么以上问题将迎刃而解。

MageVR 平台借助 VR 技术，为用户提供了一个具有沉浸感、场景丰富的虚拟学习世界。平台拥有近千节主题丰富的课程，向广大英语学习者提供服务。MageVR 平台界面如图 8-2 所示。

MageVR 平台能够提供沉浸式的学习体验。其构建的虚拟世界中有许多拥有不同人物设定、性格的虚拟伙伴，他们会陪伴用户进行口语学习。例如，在虚拟的图书馆场景中，用户可以与其中的虚拟伙伴对话，询问怎样借书、怎样找到座位等。虚拟伙伴会自然地和用户沟通，为用户讲解知识、陪伴用户练习等。在沉浸式的沟通环境中，用户能够更加放松、更加自信，有利于用户更快、

第 8 章
元宇宙教育：打造智能教育新方案

更好地提高口语能力。

图 8-2 MageVR 平台界面

除了提供沉浸式场景外，MageVR 平台还致力于课程研发，为用户提供优质的 VR 课程。其研发团队汇聚了来自 VIPKID、好未来等知名企业的资深英语教师，结合国家新课标系列教材、新概念英语等经典教材进行内容研发，同时将内容与 MageVR 平台中的虚拟场景、人物等结合，为用户呈现一个新奇的英语学习世界。此外，其自主研发的课程具有完整的产品架构和创新的 VR 互动模式，能够带给用户更好的互动体验。

MageVR 平台在进入 VR 教育市场后，在短时间内得到了百度、华为、中国移动等企业的认可，这些企业与 MageVR 平台在内容、营销等多个层面建立了合作，用户覆盖了企业、院校和个人消费者。例如，MageVR 平台曾与北京外国语大学、HTC 等共同开展了《VR 技术对英语学习能效性的积极作用》的学术研究。其中，学习 VR 英语课程的学生在自信心、英语听说能力上都得到了明显提升。

MageVR 平台适配市场上的许多主流 VR 设备，如 VIVE、Pico、爱奇艺奇遇 VR 等，提供多样的英语学习和培训课程。未来，MageVR 平台将在内容研发、技术应用等方面持续发力，推出更优质的学习内容，提供更优质的学习体验。

8.3 未来趋势：教学体验实现飞跃

随着元宇宙和教育的融合发展，教学场景、教学模式等都将迎来巨大变革。沉浸式教学场景将在更多教学环节实现，为学生提供更真实的学习体验。同时，在三维立体的虚拟世界里，平面化的知识将变得鲜活，游戏化的教学场景也将提升学生的学习体验。

8.3.1 虚拟形象+沉浸式场景，学习体验更真实

元宇宙能够赋予用户一个虚拟形象并提供沉浸式的虚拟场景，其与教育相结合能够创造出新的教学场景。未来，更多的教学实践将在虚拟世界中完成，助力教学突破时空限制。

例如，为了提高学生的安全意识，很多学校都会组织学生进行火灾、地震等安全演练。演练前，学校会制定详细的活动方案，并向学生讲解逃生技巧和注意事项等。演练时，警报响起的同时，各班同学使用正确的逃生技巧有序撤离到安全地带。随后老师们统计人数并汇报，学校依据学生的表现评判此次演习的效果。

这样的演习在当前的教育中十分常见，也能够起到一定的教育效果。但缺乏真实感的训练场景会降低学生的投入感与参与感，无法让学生获得真实的火灾或地震逃生体验。而将演习场景转移到元宇宙中，可以在虚拟世界里模拟火灾或地震场景，并制造情况。在拟真的环境中，以虚拟形象沉浸在虚拟场景中的学生可以感受浓烟、火光、地面的震动等，从而有真实的紧迫感，也会更加认真地听从老师的指挥，安全撤离。这种真实的逃生体验不仅可以更高效地训练学生的逃生能力，还会提高学生的安全防范意识。

实践出真知是不变的真理。在现实场景中，学生难以进行复杂的实践训

练，而在元宇宙教学场景中，学生将会获得更多的自主性。例如，在建筑设计方面，很多学生都有天马行空的想象，期待设计出独一无二的作品。但在现实中，学生很难进行大量的建筑实践，无法展示自己的想象力，也难以发现设计中的缺陷。

而在元宇宙教学场景中，学生可以自由地在虚拟世界中进行建筑实践，验证自己的想象能否变成现实。同时，对于学生搭建起的虚拟建筑，老师可以在其中进行全面的检查，提出合理的改进方案。在这样的教学实践中，老师能够更细致地传授知识，学生也可以获得更快的提升。

此外，随着元宇宙教学场景的不断发展，其将聚集海量的名师和优质教育资源。学生可以以虚拟形象在元宇宙中自由探索，来到各国不同的名师课堂中自由学习。这种突破时间和空间的学习模式能够使更多的学生享受到更优质的教育资源。

8.3.2 融入游戏化元素，教学活动更有趣

在 Meta Connect 2021 大会上，扎克伯格用一段视频展示了元宇宙教育的一种场景：用户只要带上智能眼镜，就可以看到近在咫尺的太阳系八大行星，同时，用户还可以调出这些行星的详细信息，了解更多知识。

这种实践展示了教育发展的一种趋势：随着元宇宙的不断成熟，教材中纸质化的静态内容将逐渐升级为包含丰富场景与人物的虚拟景象。同时，元宇宙不仅是将教学内容立体化，还能够借助多样的游戏元素，提升教学活动的趣味性。

例如，如果学生想了解孔子周游列国的知识，就可以"穿越"到特定的场景中，随孔子的步伐了解其周游时的见闻，甚至可以和孔子直接对话，了解其思想和观点。同时，每完成一段旅程，学生就可以获得相应的奖励。这样的学习过程不仅为学生提供了更好的学习体验，也激发了学生的积极性。

引爆元宇宙

从当前来看，游戏与教育的结合已有先例。沙盒游戏平台Roblox在教育领域已经有所布局。

一方面，Roblox和腾讯合作成立了合资公司罗布乐思，布局中国区的业务，而通过"游戏＋教育"的模式，培养编程方面的人才和内容创造者是罗布乐思的重要业务。罗布乐思包含的教育内容有教学工具、创意线上实验室、线下实验室、专业认证等，同时组建了"Roblox编程社团""Roblox教育游戏开发特训营"等多个线下教学分享社团。

另一方面，Roblox推出了多样的元宇宙教育游戏，能够向用户传授机器人技术、探索太空等知识。这些游戏不仅能够满足用户的娱乐体验，还能够让用户在游戏中获得知识。

未来，随着更多企业在元宇宙教育方面的探索，教育与游戏的结合也将逐步加深。越来越多的教育游戏类应用能够激发学生的积极性，同时，传统教育场景也将融入更多的游戏元素。在未来的元宇宙教育场景中，任何一门课程都可以以拟真的虚拟场景展现知识，同时，为了激发学生学习的积极性，课程学习进度可以和游戏化的打怪升级流程相结合。每完成一个阶段的学习，学生都可以获得相应的奖励，甚至可以开启隐藏副本，获得更新奇的体验和更丰富的奖励。

第 9 章

虚拟数字人：虚拟步入现实

在元宇宙未爆发之前，虚拟数字人就已经有所发展，出现了初音未来、洛天依等虚拟偶像。而后，乘着元宇宙爆发的红利，虚拟数字人的应用场景不断丰富，向多元化方向持续演进。作为连接虚拟和现实的桥梁，虚拟数字人将遍布元宇宙诸多场景。

9.1 虚拟数字人全景扫描，多场景集中爆发

伴随着元宇宙的发展，虚拟数字人也乘风而起，获得了快速发展和更普遍的应用。当前，虚拟数字人已经在生活中的诸多领域有所应用，而在未来，其将应用于更多现实和虚拟场景中，加深现实世界和虚拟世界的连接。

9.1.1 传媒机构的虚拟主持人，新闻播报降本增效

2022 年元旦期间，一档名为《你好星期六》的电视节目登录湖南卫视。在

引爆元宇宙

节目播出当晚,虚拟主持人"小漾"登台亮相,和真人主持人一起完成了节目的主持,如图9-1所示。

图9-1 虚拟主持人小漾

小漾作为湖南电视台推出的虚拟主持人,将以实习主持人的身份开启自己的职业生涯。在《你好星期六》节目中,小漾不仅出色地完成主持工作,还可以自然地和其他主持人或嘉宾互动。小漾的出现为节目增添了不少亮色,同时这种虚拟主持人和真人主持人组合的主持形式也给观众带来了新鲜感。

除了湖南电视台外,中央广播电视总台、新华社等传媒机构也推出了虚拟主持人。与真人主持人相比,虚拟主持人拥有诸多优点。现实生活中,真人主持人会不可避免地产生口误,也难以进行高强度、长时间的工作,而虚拟主持人可实现高质量地全天候播报。同时,虚拟主持人也可以规避道德风险。现实生活中往往会出现由于真人主持人道德问题,导致其所主持的节目口碑下滑的现象。而虚拟主持人的一大优势就是"不会翻车",能够规避真人主持人在道德方面的风险,提高节目收视的稳定性。

此外,依托先进的 AI 技术,虚拟主持人能够以强大的智能性完成更复杂的工作,有效解决专业主持人才稀缺的问题。例如,一些新闻播报中存在手语主持人,其通过手势语言,与新闻主持人同步进行手语播报。当前,手语主持人主要存在于主流媒体中，出于对成本的考虑，很多小型传媒机构都不会配备手语主持人。而虚拟数字人在传媒领域的应用能够解决这一问题。

2021年5月，搜狗发布了手语主持人"小聪"。基于搜狗的AI分身技术，小聪能够流畅地进行手语播报，与听障人士进行顺利沟通。在手语表达方面，小聪能够根据输入的语言文本快速生成手语，并通过多模态生成技术快速生成手语播报视频。同时，小聪可以通过手语、面部表情等方面，展现出更准确的表达效果。

总之，功能强大的虚拟主持人能够取代真人主持人，实现文本输入智能播报、全天候播报等行为，实现降本增效。未来，随着虚拟数字人技术的发展和应用的普及，将有更多的虚拟主持人走进新闻直播间，为观众提供更好的节目。

9.1.2 虚拟主播入驻直播间，开启直播带货新模式

在电商直播火热的当下，头部主播、真人明星纷纷走进直播间。而如今，虚拟主播也加入直播大军，成为电商直播的重要力量。

2020年5月1日，淘宝直播间被二次元粉丝的弹幕刷屏。知名虚拟偶像洛天依来到淘宝直播间，作为虚拟主播推销美的、欧舒丹等品牌产品，引发了众多粉丝的关注。整个直播过程中，直播间在线观看人数一度突破270万，约200万人进行了打赏互动。

为什么洛天依直播带货能够引发众人关注？在二次元世界，洛天依是当之无愧的明星。这位灰发、绿瞳、腰间系着中国结的虚拟偶像由上海禾念推出，一经问世就获得了大批粉丝的喜爱。在B站控股上海禾念后，洛天依成为B站的"当家花旦"，举办了多场全息演唱会，参加了多家电视台的活动，影响力不断提升。

随着洛天依的出圈，其商业价值愈加凸显。不仅演唱会门票分秒售罄，产品代言和直播带货的能力也不容小觑。正因如此，洛天依开始走进品牌带货的

直播间，以自己的影响力促进产品销售。

除了洛天依外，当前越来越多的虚拟主播开始走进电商直播间。抖音知名动画IP"我是不白吃""一禅小和尚"等都开始了直播带货，通过"真人+虚拟IP"的方式引爆销量。这些虚拟主播的带货能力不输真人明星，丰富了电商直播的内容，开启了直播带货的新模式。

除了虚拟偶像、虚拟IP等与品牌合作进行直播带货外，一些品牌也开始孵化自家虚拟主播，通过"真人主播+虚拟主播"的方式形成全天候不间断的直播。例如，自然堂就推出了虚拟主播"堂小美"。她不仅可以专业、流畅地介绍不同产品的信息，还可以自然地和观众互动，如和刚进直播间的观众打招呼、根据观众评论的关键字做出相应的答复等。此外，在介绍产品的过程中，"堂小美"还会提醒观众使用优惠券、购物津贴等，十分贴心。

电商直播没有白天和夜晚的时间限制，同时，不同的时间段都可能会有消费者走进直播间。为了提高消费者的购物体验，很多品牌都引入了虚拟主播，开启了"真人主播+虚拟主播"的双主播模式。

虚拟主播作为真人主播的补充，能够和真人主播进行交替直播，填补真人主播的空档，实现全天候直播。这使得无论消费者什么时候进入直播间，都会有主播为其讲解产品，介绍优惠规则。同时，虚拟主播还能够丰富直播内容，让消费者以另一种方式了解产品，提高品牌的科技感、新潮感，为消费者提供全新的购物体验。可以预见，在虚拟主播的加持下，品牌全天候直播将成为常态。

9.1.3 虚拟偶像成娱乐行业新宠，展现超强吸金力

当前，虚拟偶像成为娱乐行业的火热风口。初音未来、洛天依等传统虚拟偶像长盛不衰，除了举办演唱会、接品牌代言外，还走进了直播带货的直播间，打通了多条变现路径。此外，一些新兴的虚拟偶像开始出现，同样显示了超强

的吸金力。

其中，一些虚拟偶像背靠知名 IP，聚集了海量粉丝，产生了可观的经济效益。例如，被称为"国漫第一 IP"的虚拟偶像叶修就以其超强的吸金力为阅文集团带来了巨大收益。作为经典网文《全职高手》的主角，叶修无疑是千万粉丝心中的超级明星，在以虚拟偶像的身份出道后，瞬间得到了广大粉丝的关注，如图 9-2 所示。

图 9-2　虚拟偶像叶修

凭借自身人气，叶修在超级明星的路上越走越远，影响力也不断扩大。在他 22 岁生日时，热情的粉丝用他的形象点亮了纽约时代广场、广州等多地的户外大屏，为其庆生。同时，强大的粉丝基础聚积起了超强的粉丝经济。叶修的掘金能力堪比流量明星，代言了中国银行、麦当劳、美年达、清扬等多个品牌，涵盖了食品、快消品、金融等领域。

阅文集团的 IP 运营负责人罗立曾表示，叶修为阅文集团带来了可观的营收，"如果把目前开发的'叶修'的相关产品，以及他代言的产品、品牌价值放到一起来看，叶修的商业价值超过十亿元。"

从叶修的超强变现能力就可以看出虚拟偶像的超强吸金力。虚拟偶像能够聚集大量粉丝，并通过粉丝经济实现变现。作为虚拟偶像的拥护者，粉丝愿意为自己的偶像买单。一份万人参与的《2021 中国虚拟偶像消费市场调研报告》

显示，受访者中有 15.64%的人很熟悉虚拟偶像；61.27%的人听说过虚拟偶像。同时有 62.31%的人可能会购买虚拟偶像代言的产品；9.78%的人表示肯定会为虚拟偶像代言买单。该调研显示，消费者对于虚拟偶像存在较高的消费需求。

同时，虚拟偶像的变现方式也越来越多样。除了举办演唱会、代言、直播外，虚拟偶像还可以通过推出联名产品、游戏植入等方式拓宽变现路径。此外，在成熟的虚拟偶像的基础上，企业还可以增加人物关系设定，推出和虚拟偶像关联性强的其他虚拟偶像，组建自身 IP 矩阵。

9.1.4 数字替身实现跨越时间的影视制作

科幻电影《金刚狼 3：殊死一战》是无数影迷心中出色的超级英雄电影。其中，电影主角动人心魄的精彩打斗场面、曲折离奇的剧情等都让人难以忘怀。该电影的制作离不开高超的特效技术的支持，剧中很多打斗场景都是由数字替身完成的。借助动作捕捉、CG 制作和实时渲染等技术，替身演员可以展现出十分逼真的、和真人演员十分相似的容貌，同时在眼神、表情等方面也能够展现出真人演员的灵动。

除了《金刚狼 3：殊死一战》外，电影《银翼杀手 2049》同样用到了数字替身。《银翼杀手 2049》作为银翼杀手系列的新作，围绕女主角瑞秋展现了一个新的故事。但时隔 30 多年，扮演瑞秋的演员已经衰老。为了解决这个问题，电影以数字替身再现了女主角年轻时的容貌，如图 9-3 所示。

在《金刚狼 3：殊死一战》中，数字替身可以代替演员完成各种高难度动作，展现出更精彩的画面，同时保障演员的安全。而在《银翼杀手 2049》中，数字替身真实展现了演员年轻时的容貌，让影视制作突破了时间的限制。

由此可见，虚拟数字人作为数字替身可以解决影视制作中的许多问题。一方面，电影在拍摄过程中可能会遇到演员生病、去世等意外状况，也会在拍摄电影续集时面对演员衰老的问题，而这时数字替身就可以派上用场。导演可以请替身演员进行表演，再通过 CG 制作、渲染等技术生成演员的形象，顺利完成拍摄。

图 9-3　《银翼杀手 2049》中的数字替身

另一方面，除了真人扮演的数字替身外，还可以在电影中打造出完全虚拟的角色。例如，在影视制作中，儿童的戏份往往较难拍摄。为了保证电影制作水准和拍摄进度，可以借助虚拟数字人技术创造出合适的儿童形象，展现出更有想象力的画面。例如在电影《雷蒙斯尼奇的不幸遭遇》中，就以虚拟的儿童形象自然地完成各种高危镜头，如吃石头、和巨蟒在一起玩耍等，打破了真人表演的界限。

虚拟数字人在影视领域的应用将极大地激发影视创作的想象力。除了借助数字替身还原真人演员容貌外，当前还出现了专注于影视表演的虚拟演员。2020 年 8 月，动画电影《烈阳天道Ⅰ》在腾讯视频正式开播，上线 10 小时播放量破千万次。除了精彩的电影情节外，其亮点还在于电影女主角帝蕾娜的扮演者是一名虚拟演员"虚拟鹤追"，如图 9-4 所示。在电影中，鹤追展现出了不输真人的演技，演绎出女中豪杰的飒爽。凭借该角色，鹤追收获了很多粉丝。

图 9-4　虚拟鹤追

未来，虚拟数字人与影视的融合将推动影视产业的发展。已经故去的演员可以借助虚拟数字人技术在影视剧中重现，如鹤追一样的虚拟演员也会越来越多。这在推动影视制作模式变革的同时，会产生丰富多样的影视内容。

9.2　瞄准技术与内容，打造不同的商业模式

当前，虚拟数字人已经实现了多场景应用，而在未来，随着元宇宙的不断发展，与之密切相关的虚拟数字人也将进一步成熟。在未来的元宇宙中，虚拟数字人的数量和应用将持续爆发，开启巨大的蓝海市场。很多企业已经看到了虚拟数字人的广阔前景，开始从技术和内容两方面入手，探索新的商业模式。

9.2.1　技术层面：企业级解决方案+技术开放平台

虚拟数字人的应用离不开相关技术的支持，而技术也是企业征战虚拟数字人市场的利器。在这方面，一些企业瞄准企业需求，推出了企业级的虚拟数字人解决方案，而也有一些企业瞄准用户需求，推出了虚拟数字人技术开放平台。

第 9 章
虚拟数字人：虚拟步入现实

在企业级的虚拟数字人解决方案方面，相芯科技依托语音动画合成技术，推出了虚拟员工解决方案。融合了多种企业知识的虚拟员工，能够提供日常工作问题咨询、迎宾讲解等多种服务。通过语音唤醒，人们能够和智能大屏中的虚拟员工进行自然沟通，了解企业信息。

虚拟员工不仅能够回答人们提出的问题，还能够将当前的问题和之前的问题综合理解，和人们进行多轮智能沟通。例如，当人们询问"今天的天气怎么样"时，虚拟员工会回复"你要查的地点是哪里呢"。当得到具体的地点后，虚拟员工就会自然地回答出这个地点的天气情况。这种自然的对话模式能够带给人们更真实的沟通体验。

同时，很多企业都依据自身定位，推出了自身虚拟代言人。如花西子推出了虚拟代言人"花西子"等。基于企业的这种需求，相芯科技能够为企业打造个性化的虚拟代言人。在展示风格方面，相芯科技提供3D卡通动物、3D卡通人物和拟真的真人形象等不同风格的虚拟形象。

除了相芯科技外，魔珐科技也推出了虚拟数字人解决方案。魔珐科技经过多年的技术积累，推出了端到端的虚拟数字人解决方案，实现了虚拟数字人面部及身体扫描、建模、绑定、实时动画、渲染等全流程的制作，打通了超写实虚拟数字人制作的全路径。同时，其推出的虚拟数字人解决方案能够实现规模化应用，在多场景实现落地，如应用于企业内部、博物馆、线下商场等多场景中。

当前，这些科技公司推出的虚拟数字人解决方案已经逐步实现了商用，也受到了很多企业的追捧。未来，随着科技的发展，虚拟数字人的功能将更加丰富，应用场景也将进一步扩大。

在虚拟数字人技术开放平台方面，不得不提的就是虎牙。虎牙推出了助力虚拟数字人打造的开放平台HERO。HERO平台开放了虚拟数字人应用的接口和技术，能够让主播自主构建喜爱的虚拟形象。

HERO平台展示了虎牙先进的虚拟数字人技术。首先，借助先进的计算机动画技术、动态骨骼和实时演算技术等，虚拟数字人不仅能够在直播镜头前展现生动的表情，还能够进行复杂的动作表演。同时，在强大渲染技术的支持下，虚拟数字人具有拟真的皮肤、毛发等，衣物也会呈现不同的质感。

其次，HERO平台能够实现真人主播形象的复刻，即主播可以获得一个高度还原自身容貌的虚拟数字人。借助这一技术，无论是虚拟IP形象，还是真人主播，都可以以高度还原的虚拟数字人形象进行直播，延续自己的IP影响力。

最后，在直播内容方面，借助HERO平台打造的虚拟数字人，主播可以完成现实中无法完成的直播。例如，一些高难度的舞蹈、极限运动等可以通过虚拟数字人模拟完成。在虚拟数字人的赋能下，主播能够展现更丰富、有趣的内容。

借助企业级的虚拟数字人解决方案，企业可以获得企业客户，通过打造定制化的虚拟数字人获得收益。而借助虚拟数字人技术开放平台，企业可以聚集起海量的个人用户，不仅可以从中创收，还可以提高用户黏性，提升企业影响力。

9.2.2 内容层面：聚焦虚拟IP打造和运营

除了主攻技术外，还有一些企业通过布局虚拟数字人内容推动发展，成为行业中的佼佼者。其中，虚拟生态公司次世文化就凭借虚拟数字人IP的打造和运营业务大获发展，获得了资本的关注。截至2021年年末，次世文化累计融资突破千万美元。凭借这些融资，次世文化在虚拟数字人领域的布局越来越深入，打造了与众不同的商业模式。

次世文化的虚拟数字人产品主要分为3类。第一类是明星虚拟形象产品，即为真人明星打造并运营虚拟形象。当前，次世文化已经和诸多知名明星合作，为其打造个性化的虚拟形象，同时在完善的运营规划下，明星也可以以虚拟形

第 9 章
虚拟数字人：虚拟步入现实

象承接代言、出席活动等，获得多样的收入。

第二类是细分领域原创产品，即在细分领域推出原创虚拟数字人，并通过长久的运营将其打造为虚拟 IP，以此实现商业化创收。例如，次世文化曾与魔法科技共同推出虚拟 DJ Purple，如图 9-5 所示。

图 9-5　虚拟 DJ Purple

Purple 是一名颇具才华的少女，可作为虚拟偶像推出自己的专辑。目前，Purple 已经和虚拟艺人厂牌 NO PROBLEM 签约，并与 Owhat、Wonderland 杂志等达成了合作。未来，Purple 将推出自己的电子音乐作品，引领潮流文化新时尚。

第三类是品牌 IP 定制化产品，即为品牌打造个性化的虚拟代言人。例如，次世文化曾为花西子打造了虚拟代言人花西子，如图 9-6 所示。

花西子的形象灵感源于"欲把西湖比西子，淡妆浓抹总相宜"的诗句，整体形象清丽典雅，具有东方古典之美。为了打造该形象的记忆点，次世文化还以我国传统面相美学为设计基础，特意在花西子眉间点了一颗"美人痣"，让其形象更有特色。

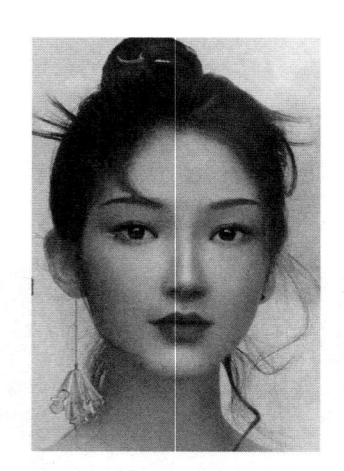

图 9-6　虚拟代言人花西子

依托以上 3 条主要产品线，次世文化打造了特色的虚拟数字人 IP。虽然产品类型不同，但其设计理念是一样的，即依据需求倒推产品。例如，在为企业打造虚拟代言人时，次世文化会深入调研企业的用户需求，并结合企业定位打造虚拟代言人；在打造原创虚拟数字人 IP 时，也会聚焦细分领域，明确虚拟数字人的定位。当前，次世文化和众多明星、企业达成了合作，未来，将加深在虚拟数字人领域的探索，打造出完善的虚拟数字人 IP 矩阵。

9.3　虚拟数字人+元宇宙，虚拟应用前景广阔

基于不同的应用场景，虚拟数字人可以分为提供服务的服务型虚拟数字人和提供数字身份的身份型虚拟数字人。未来，随着元宇宙的发展，服务型虚拟数字人的应用场景将逐步扩大，由现实延伸至元宇宙虚拟世界，而身份型虚拟数字人也将赋予更多人第二身份，使其自由畅游元宇宙。

9.3.1　虚拟市场爆发，服务型虚拟数字人应用扩展

为用户提供服务的服务型虚拟数字人产生的经济效益较小，但作为元宇宙

的核心要素，可以创造出巨大的市场空间。Adroit Market Research 报告显示，未来，全球对话式人工智能平台市场规模在 2025 年将达到 170 亿美元，而这一市场规模在 2019 年是 40 亿美元。就目前来看，虚拟数字人行业天花板高，商业化路径清晰，并且已经出现了有竞争力的技术公司。

在服务型虚拟数字人方面，Fable Studio 公司做出了探索。在建立之初，Fable Studio 是一家 VR 叙事类娱乐公司，在凭借 VR 短片 Wolves in the Walls 获得了艾美奖后，其开始将公司发展的重心瞄向虚拟数字人，推出了虚拟数字人 Lucy。Lucy 是一个可爱的 8 岁小女孩，可以自由地和人沟通，给人温暖的关怀。

在虚拟数字人的设计风格上，Fable Studio 十分重视虚拟数字人的故事感，以营造温暖的情感关怀。Fable Studio 认为，人们在生活中往往会产生孤独感，会渴望交流和陪伴，但由于人与人之间的距离感，找到一个贴心的陪伴对象并不容易。基于这种需求，Fable Studio 希望打造出陪伴式的虚拟数字人，为用户提供可以交流的朋友。2021 年，Fable Studio 推出了新的陪伴式虚拟数字人 Charlie 和 Beck。其具有强大的日常交互能力，能够像真人一样和用户对话，满足用户的沟通和陪伴需求。

未来，随着虚拟数字人应用的发展，其不仅能够在电商、金融等领域为人们提供多样的服务，还会深入我们的生活，成为我们的个人管家、工作助手，甚至朋友。未来，我们的生活可能会这样度过：早上，当我们醒来时，虚拟管家会向我们打招呼，并讲述当下的新闻、提醒我们今天要做的事等；当我们佩戴 VR 设备进入元宇宙，进入自己经营的虚拟商店后，负责日常工作的虚拟员工会向我们汇报昨天或近期的交易订单；回到现实中，当我们驾车出行时，车载语音助手会化身可爱的虚拟形象，为我们播报路况。

总之，在现实世界和虚拟世界的诸多场景中，虚拟数字人都将陪伴在我们身边，为我们提供多样化服务。随着虚拟数字人应用的不断拓展和元宇宙的发展，虚拟数字人终将被普及，全面服务于人们的生活。

9.3.2 用户虚拟形象普及，身份型虚拟数字人爆发

和服务型虚拟数字人不同的是，身份型虚拟数字人不提供服务，而是会强调虚拟偶像或用户的本来身份。身份型虚拟数字人分为两种：一种是在现实世界中有独立人设，能够通过广告、演唱会等方式进行活动并变现的虚拟偶像；另一种是元宇宙中体现用户身份的虚拟形象，是用户在元宇宙中自由活动、创作的基础。身份型虚拟数字人作为用户进入元宇宙的必要支撑，市场规模逐渐扩大，也受到了许多公司的关注。

Genies 是一家以制作 3D 虚拟形象为主要业务的科技公司，专注于为用户打造数字版本虚拟形象，如图 9-7 所示。

图 9-7　Genies 打造的虚拟形象

从虚拟形象的风格来看，Genies 打造的虚拟形象是 3D 卡通形象。其用途主要聚焦于社交、娱乐、金融交易等领域。用户在 Genies 创建了自己的虚拟形象后，可以在社交媒体上使用该虚拟形象与朋友聊天。同时，根据用户的选择，虚拟形象会呈现出不同的动作和表情。

从技术层面来看，Genies 打造虚拟数字人的核心技术是其自主研发的 3D

虚拟化身软件工具开发包。其创建了一个数字身份生态系统，使用户可以在多个平台上使用数字化身。为提高虚拟形象的质量，Genies 在开发虚拟形象时使用了 Unity 引擎。该引擎不仅可以提高虚拟形象的保真度，还可以提供语音支持，将语音合成到虚拟形象中。

从发展路线来看，Genies 采取了和明星合作的策略，以提高平台的知名度。Genies 和多个国家的明星合作，为其打造了专属的虚拟形象，并支持其在社交平台上使用这些形象。在名人效应的加持下，Genies 快速出圈，并逐步与 Gucci、世卫组织等品牌或组织达成了合作，推出定制虚拟物品。其中，Gucci 在 Genies 平台中上线了上百套服饰以供用户挑选。

未来，随着元宇宙的发展，虚拟世界和现实世界之间的界限会越来越模糊，每个人都需要一个代表自己数字身份的虚拟数字人来畅游元宇宙。同时，和 Genies 一样提供身份型虚拟数字人的企业也会越来越多。

第 10 章

数字经济：元宇宙打开广阔商业潜能

> 元宇宙融合了虚拟世界和现实世界，并将在未来无限扩展。在这一过程中，其将延伸出更多的创造性和可能，重塑数字经济体系。作为数字经济的下一站，元宇宙将打开更广阔的价值空间，为企业发展提供新的机遇。

10.1 元宇宙中的新经济

元宇宙完整、独立的经济系统需要新的经济规则，这为数字货币、区块链的发展提供了机遇。在元宇宙的世界中，去中心化的经济体系能够实现资产的确权和安全交易，将现实世界中的金融行为映射到虚拟世界。

10.1.1 元宇宙的经济逻辑

价值的确定是构建经济体系的起点，而稀缺性是体现价值的重要依据。现

第10章
数字经济：元宇宙打开广阔商业潜能

实世界中，稀缺性往往源自物理规律的限制，而在元宇宙中，稀缺性来自用户的构建。例如，NFT作为支撑元宇宙发展的关键技术，本质就是可以在元宇宙中体现出差异，构建出元宇宙世界中的稀缺性。

在元宇宙中，依托数据存在的虚拟物品可以无限复制，不具有稀缺性，而借助NFT技术，每个虚拟物品都会被打上独有的标签，从而成为独一无二的物品。这样一来，元宇宙中的物品就具有稀缺性。而稀缺性使得元宇宙经济系统有了逻辑起点。理论上来说，所有现实中存在的经济概念，都可以在元宇宙中演化出来。

在元宇宙中，最重要的生产要素就是劳动。元宇宙中的劳动可以分成两种。第一种是发生在元宇宙中的劳动。例如，一些用户将办公场景转移到元宇宙世界中，在虚拟会议室中召开会议，以会议结果指导现实中的工作。从本质上来讲，这种活动是现实世界劳动的延伸。

第二种是产生在元宇宙经济体系中的劳动。在元宇宙中，很多工作都需要多人协作完成，如共同搭建社区、共同经营商店等，其中会产生各种各样的雇佣关系。而用户在元宇宙中的活动会产生相应的经济价值，也会获得相应的报酬。这些产生在元宇宙经济体系中的劳动将推动元宇宙经济的繁荣。

用户是元宇宙经济体系中的重要参与者，其不仅是元宇宙经济的创造者，也是元宇宙经济的治理者。和现实世界一样，元宇宙经济体系中也会存在很多经济问题。不同于现实世界中依靠政府解决经济问题，元宇宙中的经济体系需要所有用户共同构建。

在此方面，"DAO"（去中心化自治组织）的治理模式能够为元宇宙治理提供借鉴。DAO是基于区块链技术衍生出的一种组织形态，能够解决组织治理中的信任问题。具体而言，DAO的治理优势主要体现在以下3个方面。

（1）去中心化：DAO中不存在中心节点和层级化的管理架构，通过自下而上不同参与者之间的交互实现组织目标。同时，DAO遵循平等、互惠的原则，由组织成员的共同利益驱动。

（2）自动化：依赖于智能合约，在统一的治理原则下，DAO能够实现管理的程序化、自动化。

（3）组织化：DAO中的运行规则、参与者的职责、奖惩机制等都是公开透明的。通过一系列自治原则，所有参与者的权益都能够得到精准划分，并能够通过自己的付出获得相应的回报。在权利、责任、利益分配公平公正的背景下，组织运转也更加协调。

在DAO去中心化的治理模式下，元宇宙能够顺利运行，其经济体系也得以有效运转。

整体来看，和当前中心化的数字经济相比，元宇宙经济体现出去中心化的特点。这也体现了数字经济由中心化向去中心化转变的趋势。未来，随着元宇宙的逐渐构建和元宇宙经济的逐渐形成，数字经济将融入更多的去中心化元素，展现出新的经济形态。

10.1.2 NFT是元宇宙基建的最优选择

用户是元宇宙中的重要参与者，而创作者经济是元宇宙经济的重要表现形式。对于创作者来说，创作内容的确权十分关键。如果创作内容的所有权具有不确定性，那么创作者就难以通过创作获得收益，进而UGC也将失去活力。

怎样解决这一问题？NFT就是一个确定数字版权的有效方法。NFT能够明确数字作品的归属，维护创作者的合法权利。当一个数字作品上链生成NFT后，便会形成一个独一无二的编码，在明确作品归属的同时，还能够保证作品的真实性。

同时，NFT还能够让创作者获得更多收益。在当下的一些UGC平台中，创作者虽然可以通过创作获得收益，但也要将一部分收益分给平台方。而在未来去中心化的元宇宙中，创作者将NFT作品卖给买方，可以获得更多收入。此外，在之后 NFT 作品的每一次转让出售中，创作者都可以获得一定比例的收益。这不仅取消了交易过程中的中介方，让创作者获得的收益更可控，也实现了创作者的长期盈利，更利于刺激创作者生产内容。

元宇宙需要构建一套完善的经济体系，该经济体系需要具备以下特点。

首先，元宇宙经济体系需要具备良好的流通性以提升用户活跃度。一方面，数字资产可以在元宇宙中不同的用户间自由流通；另一方面，数字资产可以和现实世界紧密连接。元宇宙中的数字资产可以自由转化为现实世界中的资产，现实世界中的资产也可以转化为元宇宙中的数字资产。

其次，元宇宙经济体系需要具备稳定的安全性以刺激用户创作。一方面，用户存储在元宇宙中的数字资产要尽可能规避安全风险；另一方面，元宇宙需要保证创作者的权益，降低抄袭的可能性。

最后，元宇宙的运行必须合法合规以降低运营风险。元宇宙并非法外之地，仍会受到国家政策的监管，这意味着元宇宙的运行需要始终处于合规的轨道上，杜绝不法分子的犯罪活动。

NFT 能够明确元宇宙中数字资产的价值，确定数字资产的归属，同时，整个 NFT 交易都能够被记录并且可追溯。基于此，NFT 将成为构建元宇宙经济体系的重要支撑。

10.2　NFT 交易频发，市场火热

当前市场中，NFT 持续火热。多家 NFT 交易平台上线，并推出了数字艺术收藏品，NFT 交易价格也在不断升高。此外，NFT 游戏及其中的虚拟土地交易也获得了广泛关注，交易额不断增长。

10.2.1　NFT交易平台崛起，头部平台OpenSea大获发展

在数字经济发展的过程中，市场中已经产生了一些NFT交易平台，而进入2021年后，乘着元宇宙的东风，NFT交易平台获得了长足发展。NFT交易的全部流程都是在线上完成的，不需要线下的生产、物流、交付等环节。同时，不同于电商平台一、二级市场相对分离，NFT交易平台能够打通一、二级市场，建立统一的数字交易平台，产生更高的交易频次与交付效率。

当前，市场中活跃着许多NFT交易平台，如OpenSea、Rarible、Foundation等，其中，凭借先发优势，OpenSea已经成为行业中最大的NFT交易平台。

OpenSea是当前市场中涵盖种类最多、数字商品最多的NFT交易平台，支持用户在平台上铸造和交易NFT。同时，OpenSea在市场中占据着无可替代的优势地位。2021年8月，OpenSea的NFT交易金额突破10亿美元，占全球NFT交易规模的98.3%。

OpenSea的优势主要表现在以下4个方面，如图10-1所示。

一站式交易平台

免Gas费铸造

去中心化存储

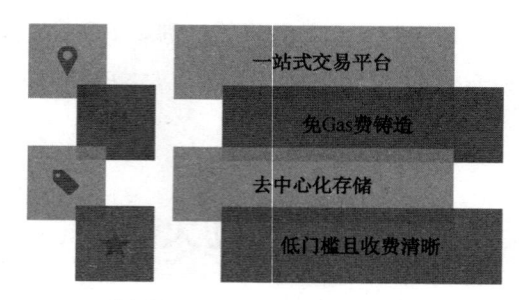

低门槛且收费清晰

图10-1　OpenSea的优势

1. 一站式交易平台

OpenSea是跨链、跨品类的NFT综合交易平台，不仅能够为用户提供便利的一站式交易服务，也能够集中流量，提高商品的曝光度。OpenSea支持以太坊、Polygon等多种区块链，便于用户轻松地在平台上完成不同链上NFT交易。

同时，OpenSea 也不限制 NFT 的品类范围，如虚拟土地、游戏皮肤、音乐、艺术品等，都可以在 OpenSea 中交易。

2. 免 Gas 费铸造

一般而言，用户在 NFT 交易平台中铸造 NFT 或交易 NFT 时都要支付 Gas 费，即给平台支付服务费。而用户在 OpenSea 上铸造 NFT 不需要支付 Gas 费，只有在成功出售商品时，用户才需要支付 Gas 费。这种模式很大程度上降低了用户的参与门槛和参与风险。

3. 去中心化存储

OpensSea 上 NFT 的数据存储在去中心化的网络中，保障了数据的安全性。在去中心化的网络中，NFT 数据被分散到多个节点上，同时这些数据以私钥加密，区块链中的其他参与者无法查看这些数据。同时，去中心化网络的不可篡改性也有效保证了 NFT 数据的安全。

4. 低门槛且收费清晰

和其他 NFT 交易平台相比，OpenSea 的用户门槛低，不设发行限制，任何用户都可以铸造 NFT。同时，在用户交易 NFT 时，OpenSea 只收取 2.5% 的手续费，收费标准清晰。此外，用户可以对 NFT 设置版税，当 NFT 进行再次交易时，用户可以获得相应的版税收入。

基于以上 4 个优势，OpenSea 在 NFT 市场中占据了领先地位。而除了 OpenSea 外，火爆的 NFT 交易市场也催生了诸多新的 NFT 交易平台。未来，NFT 交易市场会进一步繁荣。

10.2.2 Axie Infinity 交易额暴涨，NFT 游戏广受关注

在 NFT 发展的过程中，其生态矩阵越来越丰富，衍生出不同类型的产品和新的玩法，NFT 的发展也变得越来越垂直。其中，除了综合类交易平台外，NFT

引爆元宇宙

游戏也吸引了广泛关注。

加密猫是早期 NFT 游戏中的典型代表，如图 10-2 所示。其中的每一只猫都有一个对应的 NFT 编码，拥有独立的价值。两只猫配对之后会产生一只小猫，其造型和价值都是独一无二的，造型越稀有，价值也会越高。玩家可以将小猫放到交易市场拍卖。

图 10-2 加密猫

加密猫的这种游戏模式已经具备了"Pay 2 Earn（边玩边赚）"的要素，体现了游戏与金融结合的 GameFi（游戏化金融）模式。同时，伴随元宇宙的发展，GameFi 领域迅速爆发，出现了更多颇具竞争力的 GameFi 选手，NFT 游戏 Axie Infinity 就是其中的重要代表，如图 10-3 所示。

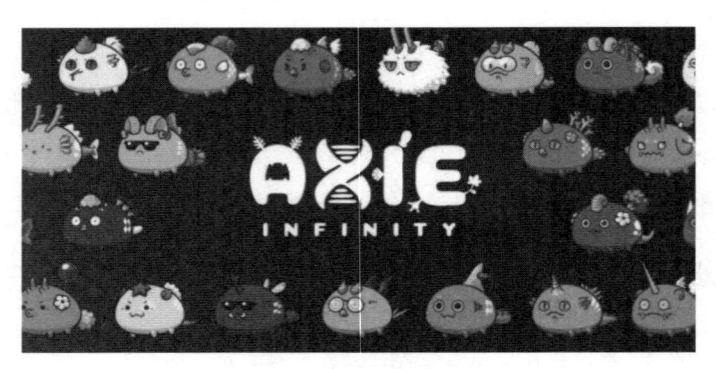

图 10-3 Axie Infinity 界面

第 10 章
数字经济：元宇宙打开广阔商业潜能

Axie Infinity 是基于虚拟宠物的 NFT 游戏，和加密猫不同的是，Axie Infinity 融入了多样的玩法。玩家在购买了名为 Axie 的虚拟宠物后，可以在游戏中进行战斗、饲养、繁殖等操作，并以此获利。其中，战斗和繁殖模式是支撑游戏内经济系统不断运转的核心。

在战斗模式中，玩家可以操作自己的 Axie 通过 PvE（玩家 VS 环境）或 PvP（玩家 VS 玩家）模式进行战斗，并获取游戏代币 SLP 和 AXS 作为战斗奖励。在繁殖模式中，玩家可以通过两只 Axie 配对得到新的 Axie。将产出的 Axie 出售后，玩家可以获得相应的收入。

为了实现边玩边赚，Axie Infinity 中还存在完善的经济系统。玩家可以通过战斗、繁殖，或参与关键治理投票等获得游戏代币，也可以将游戏代币出售掉，获得真实的收益。在这个闭环的经济系统中，有游戏代币的产出渠道，也有其交易赚取收益的渠道。这极大地激发了玩家参与游戏的积极性。

行情网站 CoinGecko 在 2021 年 7 月发布了一份关于 Axie Infinity 的调查，调查显示，玩家平均每天可获得 151～200SLP（约 55.50 美元）的收益，相当于一个月可以获得 1 665 美元的收入。不少玩家认为通过玩 Axie Infinity 获得收益将成为一种收入来源，甚至其中一些人认为玩 Axie Infinity 能够成为一份可持续的全职工作。

基于边玩边赚的 GameFi 模式，NFT 游戏在为玩家带来乐趣的同时也能够给予玩家金钱奖励，促使玩家长久参与游戏，成为游戏的忠实玩家。同时，养成、生存竞技、冒险闯关等不同 NFT 游戏模式也丰富了玩家体验。在 NFT 游戏不断发展的过程中，融合多样玩法和经济正循环的游戏生态也在逐步完善。

10.2.3 虚拟土地火爆，市场前景广阔

虚拟土地作为元宇宙中的重要虚拟资产，也是 NFT 交易的主要品类。在元宇宙中，每一块虚拟土地都拥有与众不同的 NFT 编码，能产生巨大的商业价值。

土地开发商和其他用户可以进行虚拟土地购买、出售、租赁等交易，并在虚拟土地上搭建商场、住宅区等。

当前，虚拟土地的玩家主要有两类。第一类是虚拟土地供应商，即 NFT 游戏开发商，包括 Decentraland、The Sandbox 等。其中，Decentraland 是一个建立在以太坊上的虚拟世界，玩家可以在其中进行社交和游戏，也可以购买虚拟土地，在其中建造城市、商店等。2021 年 12 月，Decentraland 上的一块虚拟土地以 243 万美元的价格成交，刷新了虚拟土地的成交记录。该虚拟土地的买家表示，其将在未来利用这片土地发展数字时尚产业。

第二类是买家，主要为想要探索元宇宙的企业和个人买家。在拥有了虚拟土地后，买家就可以将现实中的商业场景转移到元宇宙中，开辟新的获利空间。例如，苏富比在 Decentraland 中建造了一个虚拟画廊，并在其中展示将要拍卖的 NFT 作品。在拍卖活动中，人们可以进入虚拟画廊中近距离观看这些 NFT 作品，了解作品理念、创作者等相关信息，也可以参与竞价，并购买 NFT 作品。

整体来看，虚拟土地虽然看不见、摸不到，但却有超强的吸金力。数据提供商 Dapprader 发布的数据显示，2021 年 11 月，Decentraland、The Sandbox 等 NFT 游戏中产生了大量的虚拟土地交易，交易量突破 2.28 亿美元。

虚拟土地交易备受追捧的原因在于能够给卖家带来可观的收益。例如 The Sandbox 中一块虚拟土地的初始价格为 99.9 美元，而在几经交易后，这块虚拟土地的价格达到了 6.8 万美元，价格翻了数百倍。而 Decentraland 中一块初始价为 9.8 万美元的虚拟土地，在经过两次交易后价格达到了 75.8 万美元。

虚拟土地火热交易的背后，显示了其广阔的发展前景和投资者对其的热情。当前，会议、演唱会、购物等诸多场景都已经在虚拟世界实现，未来，随着元宇宙的发展，其融入的场景也会越来越多。项目众多的游乐场、拥有海量商品的虚拟购物商城等都可以在元宇宙中实现，而这一切都是建立在虚拟土地上的。以发展的眼光来看，虚拟土地将在元宇宙经济中占据重要地位。

第 10 章
数字经济：元宇宙打开广阔商业潜能

10.3 NFT 发展中的商业机会

NFT 作为一个新兴的赛道，将产生巨大红利。目前已经有很多企业入局这一赛道，或依靠自身 IP 推出 NFT 产品，或凭借自身技术优势，搭建 NFT 交易平台。

10.3.1 推出具有影响力的 NFT 作品

强大的 IP 能够影响众多的粉丝，引导粉丝的购买倾向，而当 IP 与 NFT 结合后，又将擦出怎样的火花？2021 年 3 月，美国经典 IP《美国众神》品牌旗下的 250 份 Technical Boy 系列 NFT 作品在 5 分钟内售罄；好莱坞 IP《神奇女侠》主题系列 NFT 作品销售总额达 185 万美元。诸如此类的经典 IP 在 NFT 领域并不少见，往往能够引发粉丝的抢购热潮。在这一趋势下，为了抓住 NFT 交易的红利，许多企业都依托 IP，推出了具有影响力的 NFT 作品。

2021 年 6 月，支付宝限量发布了具有敦煌元素的 NFT 付款码皮肤，如图 10-4 所示。该 NFT 付款码皮肤是基于敦煌美术研究所的敦煌 IP 设计的，体现了浓厚的敦煌壁画风格。用户可以以 10 支付宝积分加 9.9 元进行兑换，将其显示在付款码上方。

支付宝 NFT 付款码皮肤的推出显示了阿里巴巴在 NFT 交易方面的探索，也展示出了企业入局 NFT 的一种形式：企业可以联合知名 IP 或以自身旗下 IP 为切入点，推出有影响力的 NFT 作品，如和知名艺术家合作推出 NFT 作品、和全球知名的动漫 IP 合作推出 NFT 作品、以自身游戏 IP 推出 NFT 作品等。这也是很多企业拓展 NFT 业务的常用方法。

图 10-4 支付宝 NFT 付款码皮肤

不论是艺术家，还是动漫 IP，其核心价值就在于自带流量，能够吸引粉丝为 NFT 作品买单。在市场需求下，NFT 能够被顺利销售，同时买家也可以通过持有 NFT 作品获取后期升值带来的利润。从盈利的角度看，与 IP 结合推出 NFT 作品是企业探索 NFT 领域的可行途径。

10.3.2 互联网大厂入局 NFT 赛道，打造交易平台

NFT 交易平台是 NFT 流通中必不可少的环节，同样也是等待开拓的蓝海市场。因此，除了推出 NFT 作品外，企业还可以从平台入手，打造 NFT 交易平台。

2021 年 8 月，腾讯旗下的幻核 App 与脱口秀节目《十三邀》共同开发的有声《十三邀》数字收藏 NFT 正式发售，300 个 NFT 几乎瞬间售罄，如图 10-5 所示。

这是幻核 App 首次进行 NFT 发售，腾讯也由此正式进入了 NFT 市场。此次发行的 NFT 是一个交互体验页面，集成了诸多《十三邀》嘉宾的数字音频，内容来自《十三邀》的节目内容。通过 NFT 这一形式，《十三邀》嘉宾的金句可以被永久珍藏。此外，用户在购买 NFT 后，可以将自己的头像和在 H5 页面上的互动信息刻录到唱片上，并存储在区块链上。这种互动形式提升了 NFT 的

第 10 章
数字经济：元宇宙打开广阔商业潜能

收藏价值。

图 10-5 有声《十三邀》数字收藏 NFT

如果不对 NFT 的流通进行监管，则很容易产生炒作问题。为了规避这个问题，幻核 App 进行了相应的技术封堵。用户需要完成实名认证才能进行 NFT 作品认购，同时，NFT 一经认购，就会与用户永久绑定，不支持二次交易。此外，并不是所有用户都能够在幻核 App 发布 NFT 作品，只有经过平台授权的品牌、艺术家等，才能发布 NFT 作品。这也避免了在平台上发布的 NFT 作品出现版权问题。

从本质上看，幻核 App 中不开放二级市场，而只是一个 NFT 开发与销售平台。和国外承载海量交易的 NFT 交易平台相比，幻核 App 的目标在于引入更多的 IP 方，制作出精良、多样化的 NFT 作品，提升用户收藏 NFT 的体验感。在 NFT 市场尚待开发、监管体制并不完善的现在，幻核 App 的交易模式能在合规的路上发展得更远。

第 11 章

投资方向：硬件先行，应用和交易紧随其后

> 未来，元宇宙将会变革人与人互动的媒介，成为下一代社交媒体、流媒体和游戏平台。同时，在元宇宙长久的发展中，元宇宙将更广泛地连通虚拟和现实，实现更多生活场景在虚拟世界中的重建。
>
> 元宇宙具有广阔的发展前景，这意味着在投资方面，元宇宙相关项目也会成为投资者重点关注的目标。无论是为元宇宙搭建提供基础的 XR 硬件、游戏和社交等领域的诸多应用，还是 NFT 项目，都将获得资本的青睐。

11.1 卡位元宇宙入口，XR 产业有望迎来拐点

XR 产业在兴起时曾在市场上掀起热潮，但因为技术不够先进、应用不够落地等局限，其发展陷入了低谷。2021 年之后，元宇宙概念的爆发让人们看到了 XR 广阔的应用前景。作为元宇宙的硬件入口，XR 硬件将成为搭建元宇宙

第 11 章
投资方向：硬件先行，应用和交易紧随其后

的核心基础，与之相关的硬件厂商也获得了投资者关注。

11.1.1　XR 设备有望取代手机，成为规模化使用的新硬件

在互联网的发展过程中，每次互联网的迭代都伴随着新硬件的出现，同时用户体验也得到了升级。在 PC 互联网时代，人们拿到了进入数字世界的钥匙。而后智能手机和移动互联网引发了新的信息科技浪潮，开启了新的数字世界大门。

移动互联网在长久的发展过程中，红利逐渐见顶，同时人们大规模使用的手机这一硬件也没有发生革命性变化。不同形态内容的分发、商业化逻辑等高度一致，在用户体验、传播、交互等方面都进入瓶颈期，互联网的内容形态难以对用户产生新的吸引力。

元宇宙作为互联网发展的下一阶段，将开启新的内容场景，为人们提供新的体验。而 XR 设备也将取代手机，成为下一代被规模化使用的新硬件。

对于用户来说，只有借助 XR 设备，才可以"穿越"进元宇宙，在奇幻多彩的虚拟世界中身临其境地进行游戏、社交、工作。对于企业来说，只有聚焦 XR 设备研发，才能够实时收集用户产生的数据，在这些数据的基础上加深对元宇宙的探索。从这方面来说，只有拥有强大的 XR 设备，企业才能够在市场上有话语权，才能够拥有可拓展的空间。

当前，许多企业都已经意识到研发 XR 设备的重要性，并正在进行持续的探索。例如，Meta 聚焦 VR 设备，推出了 Oculus 系列产品，以 VR 设备布局办公、电商等多业态。而苹果公司则聚焦于 AR 方向，计划在未来推出 MR 头盔式产品和轻量化 AR 眼镜，推动虚拟世界向现实世界延伸。在这些企业的不断探索下，XR 设备将在未来获得更大发展，覆盖更多的用户。

11.1.2　XR 硬件升级，硬件厂商获得关注

XR 设备是元宇宙的硬件入口，其业务也是市场上普遍看好的业务。在 XR 设备不断发展的当下，其背后的硬件厂商获得关注。

在 XR 硬件供应商方面，歌尔股份是我国实力强劲、可以提供一站式解决方案的厂商，具备领先的精密制造能力。其提供 VR 光学器件、AR 光学器件、扬声器模组等硬件设备，以及 AR/VR 头显设备、VR 手套、4K 360°摄像头等产品。

依托硬件设备优势，歌尔股份获得许多科技巨头的青睐。当前，Meta 旗下的 Oculus 系列 VR 产品在市场中占据领先地位，Oculus Quest2 自 2020 年 10 月发布后持续引爆市场。2021 年 7 月，Oculus Quest2 在北美市场的累计销量超过了 400 万台。而歌尔股份作为 Oculus Quest 2 的代工厂，也在 Oculus Quest2 火爆的过程中收获了更多的订单。2021 年 2 月，高通发布了一款轻量级 AR 眼镜的参考设计，其中硬件研发环节就由歌尔股份完成；小米在 2021 年 9 月发布了 AR 眼镜概念版，在其硬件供应商中也可以看到歌尔股份的身影。

2021 年 8 月，歌尔集团孵化的 VR 品牌 PICO 被字节跳动收购。在此次收购案例引起资本市场热烈讨论的同时，歌尔股份的股价也进一步上涨。

自元宇宙爆发以来，歌尔股份获得了较大发展。其发布的 2021 年半年度报告显示，公司上半年营收达 302.88 亿元，同比增长 94.49%，其中，AR/VR 等智能硬件业务获得火热发展，营收达 112.10 亿元，收入占比达 37.01%。

财报显示出歌尔股份火热发展的态势，也为投资者指出了一个投资的方向。XR 硬件作为未来长久发展的一个风口，其中的龙头硬件厂商也会得到更大的发展。关注类似歌尔股份的 XR 硬件厂商，不失为一个可行的投资方向。

11.2 瞄准元宇宙应用，多家企业值得期待

在应用方面，元宇宙可以落地的应用场景有很多，而在投资市场，元宇宙游戏领域和元宇宙社交领域成为各路投资者关注的焦点。

11.2.1 游戏领域：UGC 游戏平台+NFT 游戏

游戏作为和元宇宙结合紧密的关键领域，吸引了众多投资者的关注，腾讯、字节跳动等大厂都加快了投资的脚步，在游戏市场抢占先机。公开数据显示，2021 年上半年，腾讯投资了超过 40 家游戏公司，超过了 2020 年腾讯全年在这一领域投资的数量。而字节跳动的动作同样迅速，截至 2021 年 6 月，其已经入股 20 余家游戏公司。

腾讯和字节跳动的频频动作显示出其对元宇宙未来发展的看好。在双方的投资名单中，都出现了元宇宙游戏平台的身影。

腾讯投资的 Roblox 是元宇宙游戏市场中的领头羊，自上市后市值不断提升，到 2021 年年末，其市值已经突破 440 亿美元。沉浸式社交体验和成熟的内容创作生态形成了 Roblox 的核心竞争力，同时，活跃的开发者生态和快速增长的用户搭建起了平台竞争壁垒。

同时，字节跳动投资了代码乾坤，旗下王牌产品《重启世界》和 Roblox 十分相似，同样是一个为用户提供多元社交体验和自由创作体验的 UGC 平台。在游戏中，用户可以使用多样模块，创造出样式各异的角色、物品、场景等。

从科技巨头的投资动作中可以看出，Roblox、重启世界等 UGC 游戏平台是投资的重要方向之一。此外，一些融合了边玩边赚创新玩法的 NFT 游戏也有很好的投资前景。除了前文提到的加密猫和 Axie Infinity 外，还有一些类似游戏值得关注。

1. Gods Unchained

Gods Unchained 是一款融入了 NFT 元素的纸牌游戏，玩家可以通过购买卡片或赢得比赛来获得卡片。卡牌战斗是 Gods Unchained 中的主要游戏模式。玩家之间比赛，获胜的玩家就可以获得相应的经验值。经验值可以提升玩家的账号级别，使玩家获得新的卡牌。同时，玩家也可以在 Gods Unchained 平台或其他市场中交换卡牌以获得收益。

2. F1 Delta Time

F1 Delta Time 是一款 NFT 赛车游戏，玩家可以在其中体验惊险刺激的赛车游戏，同时，其中的赛道、汽车、轮胎、小饰品等都由不同的 NFT 组成。玩家可以在游戏中购买这些 NFT，并在比赛中使用，也可以在二级市场上出售 NFT 获得回报。同时，F1 Delta Time 将游戏中的 NFT 分成 4 个等级，以区分 NFT 的价值。

支持自由创造的 UGC 游戏平台和融合了边玩边赚模式的 NFT 游戏体现出不同的商业模式，同时二者存在完善的经济系统，提升了其发展空间，展示了更大的商业价值。从投资角度来看，二者都有巨大的投资价值。

11.2.2　社交领域：头部元宇宙社交平台潜力巨大

除了游戏领域外，元宇宙社交领域也存在巨大投资潜力。2021 年 6 月，游戏巨头米哈游宣布斥 8 900 万美元投资"年轻人的社交元宇宙"Soul；2021 年 11 月，红人新经济公司天下秀在公开信中讲述了和元宇宙概念相似的"虹宇宙"概念，并将其比作"通往下一代互联网的门票"，随后天下秀股票在两个交易日市值大涨超过 48 亿元。

在元宇宙社交领域，投资者需要关注领域内的头部企业，而其中，Soul 以强大的优势和广泛的用户基础，从元宇宙社交应用中脱颖而出。Soul 的投资价值主要体现在以下两个方面。

一方面，Soul 拥有海量用户基础。Soul 公布的信息显示，2020 年 12 月，其累计用户数量已经突破一亿元。此外，在用户活跃度方面，2021 年 3 月，Soul 的平均日活跃用户数达到了 910 万人，其中超过 70%是 90 后。

另一方面，Soul 变现前景广阔。目前在 Soul 中，除了用户充值收入外，还增加了增值付费功能，如同城卡、定位卡等。此外，Soul 也不断地向海外市场进军，通过广告、游戏和内容创收。在 2020 年的一次采访中，Soul 的创始人张璐表示，Soul 目前已实现盈利。而随着更多变现渠道的开辟，其变现前景也十分可观。

除了 Soul 之外，元宇宙社交领域的新秀虹宇宙也显现出发展潜力。虹宇宙是一款基于区块链的 3D 虚拟社交产品，以 3D 虚拟星球"P-LANET"为背景，为玩家提供虚拟身份、虚拟空间、虚拟道具等，能够满足玩家的虚拟社交需求。此外，在这个沉浸式的虚拟生活社区，用户还可以进行 NFT 交易。在游戏发放的虚拟土地中，玩家可以建造自己的房屋，并将房屋出租，也可以直接交易虚拟土地、虚拟房屋等虚拟资产。这种和 NFT 结合的元宇宙社交应用在经济体系方面更接近元宇宙社交的形式，因此存在投资价值。

11.3 聚焦 NFT 领域，提升数字资产价值

在元宇宙投资领域，NFT 相关投资也十分火热。NFT 艺术品的交易价格逐渐走高，NFT 交易也越来越频繁。在这方面，投资者一方面可以关注主要的 NFT 交易平台，进行 NFT 收藏或交易，另一方面也需要关注相关的 NFT 项目，进行相应的投资。

11.3.1 关注国内外 NFT 交易平台

2021 年 3 月，NFT 作品《每一天：前 5000 天》以约 6 900 万美元的价

格成交；8月，NBA球星斯蒂芬·库里以18万美元购买了BAYC（Bored Ape Kennel Club，无聊猿猴游艇俱乐部）的NFT作品。

当前，NFT的市场关注度大幅提升，正在逐渐改变数字商品的交易方式和流通频次。其中，NFT交易平台OpenSea占据大部分市场份额。数据平台Dune.xyz提供的数据显示，自2021年8月NFT市场爆发式增长以来，OpenSea的市场份额始终保持在50%以上，2021年11月其交易额占比达92.5%。除了OpenSea以外，交易平台Nifty Gateway、Foundation等也十分活跃。国外主要的NFT交易平台如表11-1所示。

表11-1 国外主要的NFT交易平台

NFT平台	特色	首次销售费用	二级销售费用	版税	gas费支付方
OpenSea	综合市场	销售中收取2.5%的费用		由创作者设置版税（默认为10%）	由创作者支付首次发行的gas费，由平台支付转移给买家的gas费
Nifty Gateway	限量版NFT	5%的销售服务费用	普通服务费用（5%）+每个二级销售0.3美元	由创作者设置版税	无Gas费
Foundation	策展/生成专业化	最终拍卖价格的15%	10%的销售费用	Foundation上生成的NFT会自动在OpenSea上发行，版税为10%	创作者支付生成NFT和发行的Gas费
Zora	限量版艺术品NFT（数字和实物）	暂时没有首次发行的费用或佣金		由创作者设置版税	由创作者支付发行NFT的Gas费
Makersplace	限量版艺术品NFT	最终销售价格的15%的佣金		固定5%的版税	由平台支付所有Gas费
Rarible	综合市场	平台生成NFT，收取2.5%的费用	没有费用	由创作者设置版税	创作者支付所有Gas费

第 11 章
投资方向：硬件先行，应用和交易紧随其后

与国外相比，国内的 NFT 市场发展稍显缓慢，但呈现集中爆发的趋势。2021年 5 月起，出现了多个 NFT 交易平台。

（1）2021 年 5 月，我国第一个去中心化数字资产交易平台 NFT 中国上线。

（2）2021 年 6 月，支付宝在蚂蚁链上发售敦煌飞天和九色鹿两款 NFT 付款码皮肤。

（3）2021 年 8 月，腾讯旗下 NFT 交易平台幻核 App 上线。

3 个 NFT 交易平台的详细信息如表 11-2 所示。

表 11-2　国内 3 个 NFT 交易平台

NFT 交易平台	公司	搭建区块链	可交易的 NFT	NFT 权证	是否可转卖
NFT 中国	元宇宙科技	ETH、BSC、HECO 等公链	数字图片、数字盲盒、实物画作等	所有权	是
蚂蚁链粉丝粒	阿里巴巴	蚂蚁链（联盟链）	数字图片、画作、音乐、3D 模型等	仅使用权/无版权	否
幻核	腾讯	至信链（联盟链）	数字图片、画作、音乐、3D 模型等	仅使用权/无版权	否

投资者可以关注以上 NFT 交易平台，进行 NFT 购买、收藏或交易，以此实现投资获利。

11.3.2　关注亮眼的 NFT 项目

随着 NFT 交易的火热，NFT 项目也越来越多。这些五花八门的 NFT 项目中也暗藏巨大的商机。

以 BAYC 为例，这个描绘猿猴各种面部表情的 NFT 项目在当前获得了巨大关注（如图 11-1 所示），交易价格不断上涨，其中的一个 NFT 头像甚至卖出了约 255 万美元的价格。

引爆元宇宙

图 11-1　BAYC 中的一些 NFT 头像

买家可以在社交平台上使用 NFT 头像，同时也会获得一些特权，如可以购买 BAYC 联名的服装或免费获得 BAYC 衍生 NFT 等。

除了新兴的 BAYC 外，一些元老级的 NFT 项目也再次翻红。EtherRock 是以石头为主题的 NFT 系列藏品，每块石头除了颜色之外没有任何区别，如同图 11-2 所示。这些"石头"价值不菲，在 2021 年 8 月，其最低价格已经超过 10 万美元。

图 11-2　EtherRock 的石头 NFT

上述 NFT 项目以限量数字藏品的形式赋予了 NFT 更多价值，是投资者需

第 11 章
投资方向：硬件先行，应用和交易紧随其后

要关注的重要投资赛道。同时，为了做到科学投资，在分析这些 NFT 项目时，投资者需要关注以下几个方面。

1. 项目叙事价值

一方面，投资者需要评估项目的质量和发行方的可靠程度。NFT 的发行门槛不高，并且很容易出现模仿、抄袭等问题。投资者需要了解 NFT 的设计创意，了解发行方的影响力等，进而分析 NFT 的投资潜力。

另一方面，投资者需要分析项目的愿景和项目的吸引力。以 BAYC 为例，为什么这些 NFT 头像能够吸引买家购买？BAYC 的创立理念为"每一个投身于区块链领域的猿猴都实现财富自由"，这无疑说出了很多 NFT 收藏者的心声。并且，交易完成后，买家拥有该猿猴的版权，可以以此形象设计并销售产品，如书籍、漫画、衬衫等。

2. 项目数据评估

一是项目社群的活跃程度、粉丝数等。NFT 十分依赖于市场活跃度，市场活跃度越高的 NFT 项目，其 NFT 的价格也会越高。投资者可以到官方的媒体渠道了解项目动态，或在官方的聊天频道了解项目活动和社群的活跃度。二是市场成交记录。投资者可以在 NFT 数据平台 NFTGO 上查看 NFT 项目的历史交易数据。三是基础设施数据评估，包括安全性、生态建设程度、IP 资源等。

3. 项目判断

投资者需要分析项目处于什么发展阶段，是发展的早期、中期，还是成熟期；是否具备稳定的竞争优势；长期的投资逻辑是否清晰；是否符合行业大趋势等。

综合以上内容，投资者可以了解 NFT 项目的优势和不足，也可以在多个项目的综合分析中找到最具价值的 NFT 项目。

11.3.3 元宇宙投资机构

当前，NFT 领域态势火热，投资机构动作不断。在进行 NFT 项目投资时，投资者也需要关注元宇宙投资机构的动向，以做出更科学的投资决策。下面介绍几个在元宇宙领域颇有影响力的投资机构。

1. Andreessen Horowitz（a16z）

a16z 是互联网投资界耀眼的明星，曾先后投资了 Meta、Twitter 等知名项目。现已投资多个区块链明星项目，成为数字货币投资的风向标。

数字货币交易平台 Coinbase 上市后，a16z 以 14.8%的股份成为其第二大股东，是外部赢家。此外，a16z 还投资了 Compound、Dapper Labs、Optimism 等项目，这些项目也逐渐发展成为头部区块链项目。如今，a16z 的加密基金规模超过 30 亿美金，是加密世界的资本灯塔，具有强大的号召力。

2. DCG（Digital Currency Group）

DCG 是一家专注于区块链行业的投资公司，也是 CoinDesk、灰度的母公司。其在区块链投资方面动作不断，投资组合超过百家，入选美国《时代周刊》"2021 年最有影响力的 100 家企业"。

DCG 投资很多平台不是要推翻传统行业，而是利用区块链技术改造传统行业的运作模式。从数据方面来看，DCG 的投资组合表现得十分亮眼，正涨幅率超过 90%，其中包括管理数百亿美元资产的 Grayscale Investments、加密新闻知名网站 CoinDesk 等。此外，其孵化的灰度比特币信托成为首个合规化、完全由数字货币支持的金融产品，能够向更多投资者开放信托投资渠道。

3. NGC Ventures

NGC Ventures 是区块链技术风险投资基金，其团队由来自科技创业、资本市场、管理咨询等领域的专业人士组成。NGC Ventures 参与了市场中的许多投

资，是 Oasis Labs、Mainframe、Algorand 等许多头部区块链项目的主要投资者。在发展的过程中，NGC Ventures 也致力于和专业的投资人士、技术开发人员合作，以提升自己的竞争优势。目前，NGC Ventures 管理基金规模约为 5 亿美元，投资了近 20 个区块链项目，投资正涨幅率为 73%。

4. Binance Labs

Binance Labs 是世界最大加密货币交易所 Binance 旗下的基金组织，致力于为区块链和数字货币企业家、项目和社区提供投资。Binance Labs 投资组合的正涨幅率约为 90%，投资的项目较为多元化，在区块链相关基础设施、公链、GameFi 等领域都有投资，数量也十分接近。

5. HKGF

HKGF 是一家专注区块链领域的科技金融管理公司，拥有资深金融精英团队，能够为客户提供专业的资产配置和智能投顾服务。在元宇宙赛道，HKGF 搭建了元宇宙游戏社区"Global Gamefi Guild"，并以去中心化自治组织模式实现治理。

第 12 章

未来展望：元宇宙发展前景

> 我国"十四五"数字经济发展规划指出，要加快数字化发展、建设数字中国，到 2025 年，数字经济迈向全面扩展期，数字经济核心产业增加值占 GDP 比重达到 10%，数字化创新引领发展能力大幅提升，智能化水平明显增强，数字技术与实体经济融合取得显著成效，数字经济治理体系更加完善，我国数字经济竞争力和影响力稳步提升。
>
> 数字经济产业包括云计算、大数据、区块链、人工智能、AR/VR 等，这些与构建元宇宙的底层技术高度重合，而且应用领域电商、社交等也与元宇宙应用场景十分相似。可见，元宇宙的发展前景十分广阔。

12.1 元宇宙发展三大趋势

目前，元宇宙的发展趋势有 3 个：从游戏、社交场景逐渐向其他领域铺开；平台开放性提升，逐渐走向统一；虚拟与现实不断相融，相互影响。

12.1.1 趋势一：从游戏、社交场景逐渐向其他领域铺开

除了目前大热的游戏、社交领域，元宇宙在其他领域的应用也逐渐铺开，这意味着元宇宙在逐渐摆脱游戏的属性，向多元应用平台的方向发展。

1. 制造领域

为提升传统生产的效率，制造企业将生产线转移到元宇宙中。德国汽车制造商宝马与英伟达达成合作，利用英伟达的元宇宙平台 Omniverse 建设虚拟工厂，将其实体资产、制造体系、工艺流程转移到虚拟世界。宝马虚拟工厂如图 12-1 所示。此外，元宇宙增加了用户体验产品的形式。2021 年，现代汽车在 Roblox 中推出"现代移动冒险"，并邀请用户参与公测。这是一个共享的虚拟空间，用户可以在这里使用虚拟形象与其他用户互动，体验现代汽车产品。

图 12-1　宝马虚拟工厂

2. 零售领域

传统零售领域对元宇宙的反应非常敏捷。以服装领域为例，他们瞄准接受新事物程度高，又具有消费能力的 Z 世代。他们利用各种营销活动在元宇宙推广品牌，并出售 NFT 资产。例如，阿迪达斯推出 NFT 虚拟服装几分钟内被抢

购一空；耐克收购数字运动鞋公司 RTFKT，并在 Roblox 平台进行沉浸式体验营销；GUCCI 在 Roblox 平台推出虚拟购物，虚拟产品价格不输实物产品。

除了服装领域，食品领域也在探索元宇宙营销模式。可口可乐在 OpenSea 平台进行 NFT 拍卖营销，提升品牌的虚拟价值；墨西哥连锁快餐品牌"小辣椒"在 Roblox 平台开设虚拟餐厅，用户可通过游览虚拟餐厅获得现实中的用餐优惠券。

3. 城市治理领域

元宇宙的相关技术，在城市治理领域也有广泛的应用。首尔数字基金会在 2020 年成立元宇宙办公室，目的是将元宇宙和人工智能技术应用在城市管理上，以增强首尔的竞争力。元宇宙首尔计划于 2022 年启动，分 3 个阶段在文化、经济、旅游、教育等业务领域打造元宇宙市政服务生态。

4. 军事领域

军事领域是元宇宙的应用领域之一。早在 20 世纪 80 年代，美国就构建出军事模拟网络，并用于军事模拟训练中。而元宇宙拥有强大的计算能力、更快的传输速度、沉浸的虚拟体验，能实现规模庞大的军事训练和模拟功能，甚至协助制定作战规划。

目前，在美国，Meta 曾获得美军的人工智能合同，负责数据训练和情报收集工作；在英国，国防部已经在士兵训练中使用扩展现实技术；在韩国，一家名为"擎天柱"的公司基于元宇宙技术为客户提供军事训练模拟系统。

12.1.2 趋势二：平台开放性提升，逐渐走向统一

目前，许多自诩为元宇宙的平台依然属于 Web 2.0 的范畴，即让用户在一个封闭的生态中享受虚拟体验，如 Minecraft、Fortnite、Roblox 等。但是这些平台不能算是真正意义上的元宇宙，因为它们基本都是封闭的世界，不能互相

联通。在这些平台中创作的内容或购买的体验都只能存在于平台设置的虚拟环境中，而不能被带出平台。

例如，一个 Fortnite 的玩家在游戏中购买了道具，但是他不能在 Roblox 中使用这个道具。就像我们现在不能使用同一个账号登录 QQ 和微博一样，不同平台不能联通，也不能互相操作。

真正的元宇宙应该是一个互相交织的虚拟世界，内容、对话、交易行为等不会受到不同平台的限制，是完全去中心化的。

去中心化不仅意味着用户生成内容和环境互相联通，还意味着不同世界之间能进行交互。区块链技术就可以帮助实现这一点，它是一种分布式记账方式，用户可以凭此跟踪数字通证的来源和所有权。此外，区块链为用户提供了第三方区域来存储物品，并允许他们随时支取。如果将元宇宙视为地球，每个虚拟世界就是一个国家，区块链就相当于飞机或轮船，用户可以将数字物品（通证）存储在轮船上（区块链钱包），并任意来往于虚拟世界。

即使用户购买物品的世界不存在了，用户仍然可以拥有这个物品。但如果每个虚拟世界是封闭的，互相无法联通，那么用户对某个物品的所有权，就会随着购买世界消失而消失。

因此，未来的元宇宙一定是开放且统一的。许多虚拟平台组成更宏大的元宇宙，用户在不同的世界中可以自由穿梭，有更广泛的体验，也能创造出更多体验。也就是说，元宇宙不可能一家独大，大平台有机会整合小平台，小平台也有机会扩张，就像真实的宇宙一样。

12.1.3 趋势三：虚拟与现实不断相融，相互影响

元宇宙并不是完全独立的虚拟世界，而是现实和虚拟的结合，既有完全虚拟的内容，也有与现实世界相互映射的内容。虚拟与现实交融的元宇宙的存在可以带来更极致的个人娱乐体验，更高的个人效率和社会效率。

引爆元宇宙

食品零售公司 Tesco 和 Delhaize 在韩国和比利时的地铁站安装了商店显示屏，这些显示屏可以让等车的人使用手机下单购买日用品，并选择寄送到家，或在某个实体店提货，合理运用碎片时间，提升人们的购物效率。梅西百货公司在试衣间安装了"魔镜"，顾客可以虚拟"试穿"衣服，避免出现试衣间拥挤排队的现象，提升了顾客试衣服的效率。

元宇宙不仅存在于线上，也存在于线下。未来的元宇宙将会是虚拟世界与现实世界的无缝融合、有机联通。虽然目前元宇宙的项目大多从线上起步，但随着线下沉浸式体验越来越多，虚拟世界与现实世界会从局部打通变为全面联通。元宇宙无处不在的沉浸体验会从游戏、社交等领域延伸到生活中的各种场景，最大化满足人们对极致体验和高效率的需求。

12.2 终极元宇宙：人类的数字化生存

元宇宙不仅是创新技术的叠加，更是未来人类的生活方式。过去 20 年，互联网深刻地改变了人类的日常生活和经济结构；未来 20 年，元宇宙将更加深远地影响人类社会。

到那时，人类的生活方式将趋于全面数字化。人类的时间和精力将从现实世界转移到虚拟世界，日均在线时长将从当前的 4~6 小时提高至 10 小时以上，更多生活场景被数字化，人机交互体验将无限接近人与人的交互体验，无数的数字资产将被创造、交易和消费，虚拟世界将拥有无限的想象力和创造力。

12.2.1 人与世界关系走向数字化

随着元宇宙的发展，人与世界的关系逐渐走向数字化，表现为：现实世界的数字化呈现，以及精神世界的数字化。

第 12 章
未来展望：元宇宙发展前景

1. 现实世界的数字化呈现

白丁的科幻小说《云球》中描述了一个量子计算机模拟世界。在这个世界中，人类模拟出了社会数千年的演化历史，并且通过 3D 影像展现出来，通过观察这个模拟世界来进行人类学、生物学、社会学、经济学等方面的研究。

在元宇宙的相关技术中，也有将实物虚拟化的技术，如 VR、BIM、数字孪生等。元宇宙虽为虚拟世界，但并不是与现实世界毫无关系，反而为了实现虚实联动，元宇宙的许多场景都是现实世界的映射。而随着人类生活的数字化变革加速，现实世界越来越多的场景将被数字化，以支撑人类在元宇宙中的生活。

2. 精神世界的数字化

未来，大量的基础工作会由机器完成，创造力将成为核心竞争力，人类的精神需求会超越物质需求，因此需要一个让人类尽情发挥创意的平台。

基于区块链等技术，元宇宙世界是完全去中心化的，不被任何权贵阶层或组织所控制，人们在这里充分展现个人意志和想象力。在元宇宙中，互动式体验为王，人们充分实现了精神自由和自我重塑，甚至可以开启自己的另一种人生。

12.2.2　科幻作品中的数字化生存场景或将实现

刘慈欣在科幻小说《球状闪电》中曾描述了这样一个场景，在未来的一天，名为"卵"的龙卷风，即将登陆一个有着十万人口的城市，而军方借助一套高科技系统，仅发射了一枚燃烧导弹就将龙卷风扼杀在了摇篮里，轻松化解了这场危机。

我们或许觉得这样的场景只存在于科幻小说中，因为在现实世界中，精准预测龙卷风依然是一个难题。然而，随着人工智能的发展，这种场景或许真的会成为现实。现在，我们已经可以利用 AI 大数据算法，提高天气系统识别、

引爆元宇宙

灾害性天气监测、临近预报等气象领域的精确度。

例如，有媒体就我国的台风"烟花"做了 AI 模拟，并提前对可能受其影响的地区进行了预警，如图 12-2 所示。

台风快讯

2021年总294期

中国气象局中央气象台　　　　　　　　　07月18日08时32分

时　　间：	18日08时
命　　名：	"烟花"，IN-FA
编　　号：	2106号
中心位置：	北纬22.5度、东经132.4度
强度等级：	热带风暴
最大风力：	8级，18米/秒（约65公里/小时）
中心气压：	998 hPa
参考位置：	距离台湾省宜兰县东偏南方向约1110公里
风圈半径：	七级风圈半径 东北方向250公里；东南方向280公里；西南方向150公里；西北方向100公里
预报结论：	"烟花"将以每小时10公里左右的速度向北偏西方向移动。（下次更新时间为18日14时30分）

图 12-2　对台风"烟花"预报

是否准确一直都是人们评价天气预报的指标。过去，天气预报经常说"局部地区有雨"，这被很多人调侃为废话，所以有些人宁愿相信民俗谚语，也不愿意相信天气预报。

但是近几年，无论是在天气预报，还是在手机气象 App 中很少会出现"局部地区有雨"这样的表述。这是因为过去人工智能技术不成熟，不能做到精准化预报天气。但现在，随着人工智能技术的不断成熟，强大的算法让天气预报更精准化。有专家表示：在未来，人们甚至可以随时随地了解自己所处位置半径一千米范围内的精准天气预报。

此外，人工智能的应用也可以大幅降低气象领域的人力成本。传统的天气预测需要采集、分析大量数据，浪费了大量的人力与时间，而且效率不高。而应用了人工智能技术，我们可以快速地分析、判断恶劣天气的危害性，提前预知并发布天气情况。

更多创新技术的应用，将会使科幻作品中描述的场景成为现实。例如，当我们在导航 App 上输入目的地后，人工智能系统不仅会帮我们规划好路线，甚至还可以在导航过程中自动感知周边环境，如路面湿滑情况、空气污染状况、能见度等。

人工智能在气象领域的应用或许只是构建元宇宙的一小步，但足以强化我们的信心，从而对元宇宙产生更大的期待。现在存在于科幻作品中的奇幻世界，终将有一日会成为现实。

12.3 投资前景：数字场景激发更大投资价值

元宇宙的发展也使得更多领域产生更多的投资机会，从短期来看，概念型公司如雨后春笋般涌现，最先获得发展机会；从长期来看，更多数字化商业模式成为投资新高地。作为互联网的下一站，元宇宙并非是科技巨头们的狂欢，每个人都会是元宇宙经济的重要参与者。

12.3.1 短期：概念型公司爆发

自从 Roblox 成功上市，元宇宙概念一夜之间火爆。一时之间，万物皆可元宇宙。与元宇宙相关的概念型公司最先获利，股价纷纷暴涨。

下面以世纪华通、昆仑万维、汤姆猫、宝通科技、凯撒文化、中青宝 6 家元宇宙概念型公司为例，为大家分析元宇宙概念股是否值得追。

自元宇宙概念爆发以来，许多公司纷纷蹭"元宇宙"热点，股价也开始大幅回升。紧接着 Facebook 宣布改名为 Meta，使元宇宙概念股又迎来新一波上

引爆元宇宙

涨。2021年，这6家公司的股价涨幅均为正数，涨幅最小的昆仑万维股价也涨了16%，如图12-3所示。

公司	2021/1/4收盘价(元)	2021/12/31收盘价(元)	2022/1/10收盘价(元)	最高收盘价(元)	最低收盘价(元)	2021年内涨幅	2021年至今涨幅	期间最大涨幅
世纪华通	7.08	8.39	8.49	8.48 (2022/1/5)	5.13 (2021/8/17)	19%	20%	65%
昆仑万维	20.01	23.15	24.3	26.62 (2021/3/1)	15.53 (2021/8/5)	16%	21%	71%
汤姆猫	3.12	5.55	5.3	5.91 (2021/12/17)	2.85 (2021/1/7)	78%	70%	107%
宝通科技	18.82	27.55	24.94	31 (2021/11/17)	12.98 (2021/8/20)	46%	33%	139%
凯撒文化	8.07	9.64	9.28	10.68 (2021/5/14)	6.39 (2021/10/27)	19%	15%	67%
中青宝	9.36	32.66	31.93	39.58 (2021/11/11)	6.88 (2021/4/28)	249%	241%	475%

图12-3　6家元宇宙公司的股价表现

其中，股价涨幅最大的是中青宝，达249%。这也让中青宝站在了元宇宙概念的前沿阵地。然而就业务布局实力来说，中青宝却逊于股价涨幅较小的世纪华通和昆仑万维。可见，小市值的公司对概念的"炒作"更为积极，而市值大的公司反而会比较谨慎，不会盲目"蹭热点"。

从估值水平来看，除中青宝之外，其余5家公司的估值水平和行业平均水平相当。根据wind（金融数据和分析工具服务商）数据，A股市值最高的前10家游戏公司的最近12个月市盈率中位数为23.21，而中青宝2020年和2021年第3季度的最近12个月市盈率出现负数，如图12-4所示。

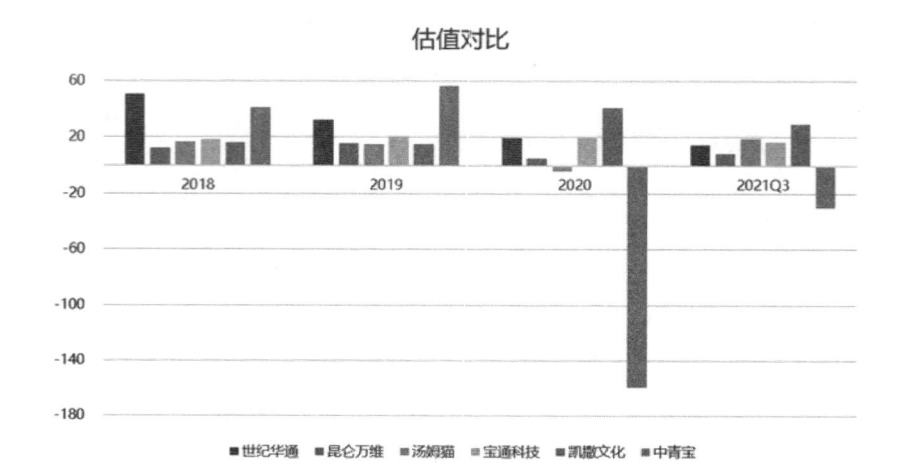

图12-4　6家元宇宙公司估值对比

第 12 章
未来展望：元宇宙发展前景

从机构持仓来看，这 6 家公司皆受到大量资金追捧，其中腾讯、华侨城资本、趣加 FunPlus、中信中证资本等知名投资机构皆在此列，如图 12-5 所示。

公司	前十大股东中的机构投资者（截至 2021 年第三季度末））
世纪华通	腾讯、华侨城资本、中融鼎新、趣加 FunPlus
昆仑万维	邦信资产、香港中央结算有限公司、广发基金、南方基金
汤姆猫	朱雀投资
宝通科技	玖歌投资、全国社保基金、香港中央结算有限公司
凯撒文化	中信中证资本、子午投资、广发证券、银河证券、华安基金
中青宝	宝德科技集团

图 12-5　6 家元宇宙公司前十大股东中的机构投资者

元宇宙概念固然火爆，但目前元宇宙尚处于早期发展阶段，完全落地还需要很长时间。概念型的公司如果相关业务无法落地，很可能是昙花一现，投资者需要擦亮双眼，关注主营业务，避免跟风炒作。

12.3.2　长期：新数字化商业模式蕴含新投资机会

不管概念描述如何天花乱坠，如果无法落地终究是纸上谈兵，因此，从长期来看，新数字化的商业模式蕴含更大的投资机会，这是能让我们脚踏实地发展元宇宙的道路。

1. 数字资产

如今，由于 NFT 技术的应用，虚拟物品也可以被收藏和买卖，如 Crypto Kitties（加密猫）、Crypto Punk（加密朋克）、BAYC 猿猴等都是非常火爆的 NFT 产品。此外，娱乐衍生品也将 NFT 化，例如，韩国娱乐公司 SM 将在 Solana 等平台上发行 NFT。

数字资产也带动了 NFT 艺术产业的繁荣，例如，NFT 画廊是目前元宇宙常见的商业模式，刘嘉颖的 the Pure Gold Gallery、宋婷的 Panda Gallery 等都是著名的加密体素画廊。

2. 地产

新世界发展集团 CEO 郑志刚公开表示，自己在元宇宙游戏 The Sandbox 中豪掷 3 200 万元人民币购买了游戏中的虚拟土地。不仅是房地产商，歌手林俊杰也曾在社交平台上表示，自己在 Decentraland 中购置了虚拟土地。

有些人不禁发问，虚拟土地有什么作用？事实上，虚拟土地大有可为。与现实世界一样，购买了虚拟土地相当于获得了该区域的开发权。除了转手赚差价，土地拥有者可以在土地上建造房屋、商场、艺术馆等，或者把闲置土地租给想建设或运营的人，从而获得收益。

3. 数据服务

元宇宙由一个庞大的数据集构成，其中的万事万物都离不开数据。以地产项目为例，项目方需要地块的数据，买家需要在售地块的信息，卖家需要市场价格信息，游览者需要游览信息。因此，在未来，专业数据服务或许会成为元宇宙中重要的商业模式。

4. 游戏广告植入

游戏是元宇宙最先发展的领域，未来也可能是最成熟的领域。营销人员可以充分利用这一媒介，在高人气的游戏平台上植入广告，为品牌引流。未来元宇宙中游戏用户规模将会很庞大，游戏广告植入可能会成为各大品牌广告营销的优选。

12.3.3　企业与个人都将成为元宇宙经济的重要参与者

或许很多人好奇，元宇宙这么有潜力，受到资本和企业热捧，那么普通人该如何抓住这一发展红利？下面将从 4 个维度，为大家梳理普通人参与元宇宙的机会。

第 12 章

未来展望：元宇宙发展前景

1. 保持好奇心，接纳新事物

互联网飞速发展的 20 年，科技不断迭代，并逐渐走向多学科融合。在这样的时代背景下，元宇宙并非只是"炒作"出的概念，而是大势所趋，是人类随着科技发展对交互和自由的更高层次需求。因此，在元宇宙来临之际，首先要做的就是积极拥抱新兴事物，不要落后于时代发展。

Epic 的 CEO Tim Sweeney 曾提出："元宇宙并非属于任何行业巨头，他是数百人共同创造的结晶。每个人都可以通过内容创作、编程、游戏设计和其他方式在元宇宙中创造自己的价值。"

这意味着每个人都将是元宇宙重要的组成部分，学习和了解元宇宙或许会在将来成为每个人的必修课。就像在 19 世纪 90 年代，当时还用大哥大的人们很难想象 30 年后的今天，每个人都会拥有智能手机一样。或许现在元宇宙还是一个不太成熟的概念，但我们不能觉得它无足轻重，而是要积极探索，把握机会并加入元宇宙这场游戏中。例如，我们可以尝试学习基础的编程语言、培养抽象思维等，为即将到来的时代变革做好准备。

2. 内容创作，打造个人 IP

元宇宙的到来，让创作者经济蓬勃发展，个人 IP 的打造也会产生新的变化。互联网快速发展的这几年，社会的经济模式有了很大变化，知识付费也因此走向了风口，罗振宇、吴晓波等个人 IP 都是这一风口下的产物。

罗振宇、吴晓波都曾是传统媒体领域的一员，在互联网开始迈向新阶段时，转战自媒体，成功收获了公众号发展黄金时期的红利。马克·吐温曾言，历史不会重演细节，过程却会重复相似。在元宇宙初露锋芒的当下，这句话非常值得人们深思。

元宇宙正在开启新的时代，与之相对应的去中心化创作者经济也正在形成。例如，抖音上的虚拟美妆博主柳夜熙，两个视频点赞量就突破千万，几乎是一夜成名。元宇宙将带来内容创作的大爆发，不仅是文字、音乐、视频，还会出现更丰富的创作形式，而抓住时机，率先入局的创作者更容易形成自己的IP，并且因为元宇宙开放、自由的创作特性，这个IP将具有更大的想象空间。

3. 把握时机，坚守创业

历史上每一次时代变革都会引发新的商业浪潮，原有的市场格局被打破，出现新的商业模式、新的市场、新的职业。在时代的洪流中，无论是曾经在市场中呼风唤雨的老企业，还是初出茅庐的新企业，都会被卷入其中。例如，影碟租赁巨头百事达在20世纪90年代如日中天，最多拥有9 000家门店，但却没有跟上互联网发展的步伐，从而陷入经营困难的境地。与之相反的是奈飞，当时奈飞一度想被百事达收购却惨遭拒绝，之后奈飞抓住了互联网发展的机遇，大力发展线上业务，推出流媒体在线观看业务，几年后便替代百事达成为新一代王者。

如今，5G、人工智能、云计算、区块链等新一代信息技术迎来迅猛发展，元宇宙作为这些新技术的集合，蕴藏着无数的发展机会。面对新技术引发的新潮流，如果企业不能提前做好布局，恐怕就会变成下一个百事达。如果是个人的话，也可以通过创业来抓住这次变革的发展红利。当前元宇宙市场还是一片蓝海，不确定性非常大，可能性也非常大，这一点对于大企业或创业者来说都是一样的。所以，元宇宙带来的是一场相对公平的比赛，谁更有魄力下注，并且及时调整策略，谁才能闯出一条生路。至于那些只是蹭热度的人，终会被时代抛弃。

4. 踩准趋势，下注企业

除了亲身入局去创业和转型，一个比较直接入局元宇宙的方式是下注企业，也就是投资有潜力的项目。

投资分为购买股权和购买股票。购买股权是大部分专业投资机构的选择，他们能看清未来的发展动向，并且有实力把控市场，所以能找到那些优秀的早

第12章
未来展望：元宇宙发展前景

期元宇宙公司进行投资，从而成为行业的"点金手"。购买股票则更契合大部分个人投资者的选择，他们对变革比较敏感，但是没有能力找到那些极富潜力的行业新星，只能下注一些已经成熟的项目。

无论是购买股权，还是购买股票，这些投资者都扮演了"慧眼识珠"的角色。与其他方式相比，通过下注企业入局元宇宙，更需要对行业有深刻理解和独到见解，如此才不会被空有概念的"假珍珠"欺骗。

元宇宙不仅是一个概念，更是多种新兴产业的融合，是未来的发展方向。在元宇宙发展起始阶段就开始参与其中的我们，是这艘列车的首批乘客。虽然当前的元宇宙仍存在着一些问题，如资本操纵、舆论泡沫等，但我们无法否认的是，元宇宙时代正在来临。人类的未来一定是虚拟与现实并行发展，我们需要为此做好准备。

反侵权盗版声明

电子工业出版社依法对本作品享有专有出版权。任何未经权利人书面许可,复制、销售或通过信息网络传播本作品的行为;歪曲、篡改、剽窃本作品的行为,均违反《中华人民共和国著作权法》,其行为人应承担相应的民事责任和行政责任,构成犯罪的,将被依法追究刑事责任。

为了维护市场秩序,保护权利人的合法权益,我社将依法查处和打击侵权盗版的单位和个人。欢迎社会各界人士积极举报侵权盗版行为,本社将奖励举报有功人员,并保证举报人的信息不被泄露。

举报电话:(010)88254396;(010)88258888

传　　真:(010)88254397

E-mail:　dbqq@phei.com.cn

通信地址:北京市万寿路173信箱

　　　　　电子工业出版社总编办公室

邮　　编:100036